봄이 들어왔을 때

봄이 들어왔을 때

남춘화 지음

그림과책

| 시인의 말 |

자신있게 서 있던 두 다리로
겸허히 무릎을 꿇습니다.

당당하게 하늘을 올려다보던
고개를 살포시 숙여봅니다.

세상을 향해 쏟아낸 거침없는 말들도
이제는 하나둘 떠나보냅니다.

흩어진 마음을 정돈하고
떨리는 두 손을 조용히 모아봅니다.

이 세상 모든 이들이
환하게 웃는 모습을 가만히 떠올려봅니다.

2024년 4월

남 춘 화

차 례

5   시인의 말

1부

12   이렇게 나도 나이가 드나 보다
13   후회
14   입장 차이
16   어른 고아
17   겸손하기 어려운 이유
18   겸손할 수밖에 없는 이유 1
19   겸손할 수밖에 없는 이유 2
20   고백 1
22   고백 2
23   윙크
24   새기어 주오
25   효도
26   질투
27   이명
28   교만
29   자식
30   장날
31   힘 빼기
32   배려
33   종량제봉투

2부

36 편지
37 사랑
38 기도 1
39 기도 2
40 보름달
41 현악 5중주
42 소원
43 사계
44 그리움 1
45 그리움 2
46 삼년상
48 소제
49 위로 1
50 위로 2
51 위로 3
52 가을
53 사랑하기에
54 봄꽃
55 적당히

3부

58　용기
59　묵상
60　이제야
61　빈자리
62　나를 위한 기도 1
63　나를 위한 기도 2
64　기일
65　겨울 바다
66　존경살
67　해솔길
68　눈물 1
69　눈물 2
70　동행
71　왜 말 안 하냐고요?
72　외길
73　후회
74　추억
75　관계

4부

78 추억 길
81 햇살 좋은 날이면 엄마가 더 보고 싶다

1부

깊이깊이 사랑합니다
보고 싶고 또 보고 싶지만 보고 또 볼 수도 없고
이내 보고픈 맘이 티도 안 날 테지만
깊이깊이 사랑합니다

이렇게 나도 나이가 드나 보다

아들과 딸이 식탁에 마주 앉아
허겁지겁 저녁밥을 먹고 있다
친구들이랑 노느라 배가 고픈 건지
학원에서 공부 좀 했다고 허기진 건지

직장동료와 점심을 먹고 난 후
카페에서 오천 원짜리 커피를 마셨다
자판기 이백 원짜리 커피를 마실 때가
엊그제 같은데…

바람을 좀 쐐 볼 겸 노적봉엘 나섰다
양팔을 세차게 흔들며 열심히 걷고 계신 할머니
라디오 볼륨을 한껏 높이고 벤치에 앉아 계신 할아버지
이젠, 그 모습들이 예사롭게 보이지만은 않는다

따사로운 햇살도, 뜨거운 햇볕도
시원한 바람도, 차가운 바람도
이젠, 어느 순간엔가 작은 것 하나에도 생각에 잠긴다
이렇게 나도 나이가 드나 보다

후회

남들의 속내가
이젠 나도 대충 보이더라
그런데 내가 아는 건
남들도 다 알더라
희한한 건
사람들의 보는 눈이 다 비슷비슷하더라
너무 부끄러워서
내 지난날을 돌이켜 보기가 너무 겁나더라

입장 차이

빨간 불이 초록 불로 바뀌었다
앞차가 미동도 하지 않는다
1초, 2초, 3초…
조수석에 앉아 있던 친구가
내 운전대 쪽으로 팔을 뻗더니
경적을 울린다

빵–
'그냥 좀 기다리면 될 텐데
초보운전자면 얼마나 놀라고 긴장할까?'
여태 제 기능을 한 번 발휘해 보지 못하다
오늘에서 드디어 울려 퍼진
힘찬 경적 소리가 너무 안타깝다

빨간 불이 초록 불로 바뀌었다
앞차가 미동도 하지 않는다
1초, 2초, 3초…
운전석에 앉아 있는 친구가
미동도 하질 않아 내가 그냥
경적을 울렸다

빵-
'운전자도 가만있는데 내가 나섰으니
에잇- 그냥 내가 좀 욕 먹지 뭐.'
깜짝 놀란 듯 앞차가 출발하고 내 몸도 흔들리고
사이드미러로 보이는 신경 쓰이던 뒤차들도 출발한다

어른 고아

군불 냄새가 곁들여진 아부지 팔베개가 좋아
누워 계시는 아부지 겨드랑이 속으로 비집고 들어가던
이마에 닿는 까슬한 턱수염이 좋아
있는 힘껏 목을 빼고 비비대던
어린 날의 그 시절이 너무나도 그립다

아침부터 국 한 사발, 밥 한 그릇 뚝딱하는
먹성 좋은 아들, 딸들을 위해
오늘도, 내일도 뭘 해야 하나 고민할 적마다
탁탁탁탁 정겹던 엄마의 도마 소리가
어린 날의 그 시절이 너무 그립다

주룩주룩 비 내리는 이른 저녁에
이불을 돌돌돌돌 말아 뭉쳐 한가득 안아도 보고
'엄마손 밥상', '시골 밥상' 찾아
8천 원짜리 청국장도 사 먹어보지만
귀 따갑던 부모님의 잔소리가 그리운 나는 '어른 고아'

겸손하기 어려운 이유

겸손할 것도 없는 제 자신이 제대로 보일 때
겸손을 찾던 그 마음이 오히려 자만임을 깨닫게 되고
그런 후에야 마음에 겸손이 채워지더라

겸손할 수밖에 없는 이유 1

하늘은 가장 '높음'을 품고 있고
바다는 가장 '깊음'을 품고 있고
세상은 가장 '넓음'을 품고 있고
나는 아직 미처 깨닫지 못한 '틀림'을 품고 있고……

겸손할 수밖에 없는 이유 2

깨달은 바를 실천하기를 힘쓰고
실천하기를 힘쓰다 보면 또 다른 깨달음이 생기니
아! 교묘하게도 잘 숨겨왔던 나의 교만이여-!

고백 1

많이많이 사랑합니다
내 마음을 어디 가둬둬야 하나 생각할 만큼
많이많이 사랑합니다

많이많이 사랑합니다
당신을 향한 내 사랑의 방식이
혹여나 해가 될까 조바심 날 만큼
많이많이 사랑합니다

많이많이 사랑합니다
남들한텐 너무도 당연하게 내세우던 자존심이
당신에겐 요만큼도 없을 만큼
많이많이 사랑합니다

깊이깊이 사랑합니다
보고 싶고 또 보고 싶지만 보고 또 볼 수도 없고
이내 보고픈 맘이 티도 안 날 테지만
깊이깊이 사랑합니다

깊이깊이 사랑합니다
사랑을 표현할 수 있는 수많은 말들이 널리고 널렸지만

나는 그저 당신을
깊이깊이 사랑합니다

깊이깊이 사랑합니다
터질 듯한 이내 마음을 도무지 표현할 길이 없어
애가 타고 또 애가 타지만
이렇게라도 소리치고 싶을 만큼
깊이깊이 사랑합니다

많이많이 사랑합니다
깊이깊이 사랑합니다
제 마음이 그저 기쁨이 되고 그저 덕이 되고
그저 유익이 되기만을
간절히 간절히 소망합니다

고백 2

사랑합니다

열 번을 고백했더니 어느새 즐거워집니다
스무 번을 고백했더니 내 마음이 뜨거워집니다
서른 번을 고백했더니 내 마음에 확신이 생깁니다
마흔 번을 고백했더니 남모를 공허함이 사라집니다
쉰 번을 고백했더니 평안이 찾아옵니다
백 번을 고백했더니 당신의 사랑이 전해져 옵니다
고백은 받는 것이 아니라 하는 것이었습니다

사랑합니다

윙크

미소를 담아
친구에게 보내는 장난스런 찡그림

사랑을 담아
연인에게 보내는 비밀스런 찡그림

마음을 담아
만인에게 보내는 멋스러운 찡그림

새기어 주오

안개 되어 조용히 스며들어 주오
비 되어 메마른 내 마음 고이 적셔 주오
바람 되어 꼿꼿한 내 마음 흔들어 주오
밤하늘 영롱한 별이 되어 반짝반짝 다가와 주오
찬란하게 타오르는 저 붉은 태양이 되어
그대의 사랑을 뜨겁게 새기어 주오

효도

이제 와서 후회하면 뭐 하니?
진작 찬물 한 그릇이라도 공손하게 떠 드리지 그랬니?

질투

항상 함께 있기를 원하셨지요?
저는 그대 마음에 머무는 해와 달에도 질투가 난답니다

당신만 바라봐달라고 하셨지요?
저는 그대의 시선이 머무는
꽃과 나무에도 질투가 난답니다

오직 그대 한 분만 사랑해달라고 하셨지요?
오직 그대 한 분만 사랑하기에 질투가 난답니다

이명

삐이이-
끊임없이 들리는 이 작은 소리에 파묻힌
듣지 않아도 되는 말들

삐이이- 삐이이-
점점 커져가는 이 소리에
집중해서 듣게 되는 꼭 들어야 할 말들

삐이이- 삐이이- 윙- 삐이이-
아, 내 몸이 피곤한가 보구나!
그만 좀 쉬어보라고 친절하게 알려주는 소리

교만

남의 티를 보면서
나는 저러지 말아야지 하고 성찰했던 나
남의 배울 점을 보면서
나도 저렇게 살아야지 하고 성찰했던 나

사실은 내 눈의 들보를 먼저 보았어야 했음을……
남의 티는 보지 말고 배울 점만을 봤어야 했음을……

자식

사랑을 주면서 사랑을 배우고
전에 없던 책임감을 느끼고
열 번이고 백 번이고 참아내야 하는 인내를 갖게 해 주고
거울이 되어 부끄러운 내 모습을 직면하게 하고
배울세라 행동을 조심하게 되고
훈육으로 보살핀다지만 오히려 삶의 지혜를 얻고
태어나는 그 순간부터 선생으로 만났습니다

장날

맹물 묻혀 빠마 머리 쓱싹쓱싹 가다듬고
아껴둔 양말 꺼내 갈라진 뒤꿈치 감추어 밀어놓고
따닥따닥 소리마저 오래된 까만 구두 발자국
야무지게 가방 잡아들고
버스 놓칠세라 종종종종
봄바람에 너울너울 춤추는 여인네의 치맛자락
5일마다 돌아오는
울 엄마가 여인 되는 날

힘 빼기

뒤돌아보니 이만큼 살아져 왔고
내다보니 저만큼 살아질 것도 분명해서
애써 힘쓰지 않으려
남아 있는 힘마저 툭툭 털어내 봅니다

배려

상대방의 시간을 귀하게 여길 줄 알았던가
그 시간을 내 마음대로 허투루 쓰지는 않았던가
그 시간에 최선을 다했던가
배려의 첫걸음을 나는 걸었던가

종량제봉투

오늘도 나는
내 마음속 쓰레기를
기도라는 이름의 종량제봉투에
꾹꾹 눌러 담아 버립니다

2부

가을바람이 쌀쌀한 까닭은

아마도 그대가 건네주는 외투를 걸친 채

가을볕의 따사로움을 만끽하라는 이유인가 봅니다

편지

또박또박 정성스레 써 내려간 글자 하나하나
고맙다는 말 한마디
미안하다는 말 한마디
사랑한다는 말 한마디를 읽기도 전에
편지 봉투에 적힌 세 글자 이름만으로도
이미 나는 눈물 나게 감사하고 행복합니다

사랑

세상 누가 뭐라 해도
너는 나를 배신하지 않을 거라는 믿음
나를 배신한 너를 두고
다른 이유가 있었겠지 하고 변치 않는 믿음
나를 떠나가는 너를 두고
되돌아올 때까지 기다려 주는 믿음
믿음은 의리가 아니라
사랑입니다

기도 1

진통제도 소용없는 고통만은 없기를
의식도 없이 연명치료에 의존하는 일만은 없기를
내 자식이 나로 인해
슬퍼하고 힘들어하는 일 또한 없기를
이 세상 이별을 충분히 준비하고
이 세상 인연도 충분히 나눈 후에
기도와 평안 가운데 참 안식을 누리길
죽음이 두려운 것이 아니라
죽음의 방식이 두려운 것일 뿐
죽음의 순간 그 찰나까지도 기도하기를

기도 2

"엄마는 기도를 왜 해?"

"응— 살려고."

보름달

어느새 훌쩍 자란 중3 딸아이가 부산을 떤다
"어머니, 어머니, 달이 엄청 이뻐요."
즐비하게 늘어선 자동차 뒤 높다란 아파트 너머로
유난히 둥그런 보름달이 새하얗게 빛난다

"앗- 달이 안 보여요. 달이 부끄러운가 봐요."
생긋 웃으며 총총총 달려가는 분홍 여드름 꽃
저 멀리 둥그러니 살랑이는 하늘빛 미소

현악 5중주

조심스레 피어오르는 바이올린의 아지랑이
끝도 없이 올라가는 비올라의 비상
둥 하고 울려 퍼지는 더블베이스의 출렁임
온몸을 타고 흘러들어와
가슴 속을 파고드는 첼로의 강렬한 속삭임

소원

이제부터는
당신과 나만이 아는 비밀을
하나하나 쌓아 나가며
당신의 향기가 되고 편지가 되는 삶을 살아가고자 합니다

사계

내 마음에 봄이 들어왔을 때 비로소 겨울이 지나갔다
봄을 만끽하고 있노라니 어느새 여름이 왔다
땀을 채 닦아낼 시간도 없는가 싶게
스산한 가을이 오고
뼈마디가 시리도록
한겨울 눈보라가 무섭도록 휘몰아치지만
또다시 내 마음엔 봄이 들어온다

그리움 1

가슴까지 두툼하게 말아 올린 이불 뭉치에
남모를 내 마음 떼어 가둬놓았건만
어느새 뜨거워진 베개 타고
까만 하늘 달빛에 스며든 마음 실오라기 하나
아련한 기억이여
서글픈 별빛이여

그리움 2

휴대폰에 저장된 전화번호의 삭제 메뉴를 열어 본다
차마… 누를 수 없다…

삼년상

1년
하나도 믿기지 않는다
눈물만 하염없이 흐르고 그저 슬프다

2년
이제서야 현실임을 알게 된다
너무나 생각이 나고 너무나 보고 싶어 아프기만 하다

3년
더 이상 볼 수 없음을 잘 안다
그토록 애달프던 보고픔은 그리움이 된다

3년 그 이후,
어쩌다 가끔 한 번씩 떠오를 때마다
나도 모르게 오랜 시간 잊고 있었음을 깨닫는다

슬픔은 아픔이 되고
아픔은 그리움이 되고
그리움은 추억이 되었다

산 사람은 산 사람대로

이렇게 저렇게
또 살아지나보다

소제

생각이 부서지고 마음이 빻아지고
어쭙잖은 지식과 경험도 갈아지니
내가 가진 것은 아무것도 없고
내가 할 수 있는 것도 아무것도 없으니
버티느라 흘려온 남모를 눈물들은
어느새 기도하는 땀방울이 되어진다

위로 1

아프니?
슬프니?
힘드니?
이리 와, 내가 안아줄게

위로 2

아팠어
슬펐어
힘들었어
너도 그러니? 이리 와, 내가 안아줄게

위로 3

올해도 별다름 없는 그저 가을일 뿐이지만
하늘이 주는 끝없는 높음과
바람이 주는 드넓은 시원함과
단풍이 주는 오색 가득 찬란함을 만끽하면서
이 끝없고 드넓고 찬란한 위로를
오롯이 받으셨으면 좋겠습니다

가을

가을 하늘이 높은 까닭은
아마도 그대와 함께 저 높은 곳을 향하여
오랫동안 경배하라는 이유인가 봅니다

가을바람이 쌀쌀한 까닭은
아마도 그대가 건네주는 외투를 걸친 채
가을볕의 따사로움을 만끽하라는 이유인가 봅니다

가을 단풍이 이토록 오색찬란한 까닭은
아마도 그대와 함께하는 이 모든 시간들이
더없이 풍요롭고 아름다운 이유인가 봅니다

가을밤이 이토록 깊고 깊은 까닭은
아마도 그대와 함께 이 모든 평안을 마음껏 누리며
오랫동안 감사하라는 이유인가 봅니다

사랑하기에

그 무엇보다 선명한 당신을 만난 이후로
희미했던 내 자신이 또렷하게 보입니다
그 무엇보다도 완벽한 당신을 알아갈수록
나의 모난 점들이 더욱더 두드러집니다

크디크신 당신을 경험하면 할수록
당신을 사랑할 수밖에 없는 나를 발견합니다
크디크신 당신을 사랑하면 할수록
당신을 닮아가는 나를 발견합니다

사랑하기에 만나길 원하고
사랑하기에 알아가길 원하고
사랑하기에 경험하길 원하고
사랑하기에 닮아가길 원합니다

봄꽃

봄 햇살 맞으며 환하게 피어나는 눈부신 꽃햇살
겨우내 움츠러든 마음을 부드럽게 녹여 주는 꽃손짓
단단히 굳어졌던 생각을
살며시 일깨워 주는 고운 꽃향기
걱정 한 덩이 시름 한 덩이
슬쩍 갖고 가버리는 꽃바람
나 또한 그 어딘가 그 누군가에게
살랑살랑 피어나는 봄꽃이고 싶다오

적당히

낮잠을 너무 길게 잤더니
밤잠을 설치게 되고

간식을 너무 많이 먹었더니
끼니를 건너게 되고

욕심을 너무 많이 부렸더니
탐심이 돼 버렸네

그냥 좀 적당히 할걸
적당히가 어렵네

3부

묵묵하게 걸어가신 그대 따라
한 발 두 발 내디뎌봅니다
두 팔 벌려 나를 반겨주실 그대를 만나러
한 발 두 발 용기 내어 내디뎌봅니다

용기

되돌아보니 부족한 것이 많았고
되짚어보니 잘못한 것도 많아서
너무도 부끄럽고 죄송한 마음투성이지만
주저앉지 않고 낙심하지 않으며
한 발 한 발 또다시 나아감은
그저 이 모습 이대로도 나를 사랑해 주는
그분이 계시기 때문입니다

묵상

당신을 더 많이 알고 싶어
날마다 생각하며 읽고 또 읽고
혹여나 놓치는 게 있을세라
보고 또 보며 당신을 생각합니다

당신의 마음이 보여집니다
좋아하시고 기뻐하시고 아파하시고 안타까워하시고
사랑해 주시고 사랑받길 원하시는 당신의 그 마음
어느새 당신의 마음이
내 마음 안에 들어와 버렸습니다

이제야

이제야
그들이 화내는 것을 보면서
나를 보았다
남들을 지적하는 그들의 이야기를 들으면서
나를 보았다
그들이 한탄하고 투덜대는 짜증을 들으면서
나를 보았다
세상을 다 삼켜버릴 듯한 그들의 기세를 보면서
나를 보았다

이제야 창피하고 이제야 부끄럽다

빈자리

셋이었던 우리가 둘이 되어
밥상머리에 앉았는데도
뜨끈한 밥은 무뎌진 미각을 깨우고
씁쓸한 이 맛있음은 마음의 고통이 되어 돌아오네

밥숟갈 바삐 움직이는 딸아이 따라
기어이 그릇을 다 비워내며
휑하니 빈자리를 애써 모른 척해 보지만
씁쓸한 이 맛있음은 마음의 고통이 되어 돌아오네

나를 위한 기도 1

나에게 쓴소리를 하는 사람을 위해 기도하기 이전에
그 쓴소리의 참뜻을 밝혀 이해하려 하기 이전에
먼저 귀를 열어 들을 줄 아는 자가 되게 하소서

나를 위한 기도 2

미안함에 고통이 더해지지 않기를
감사함에 미안함이 더해지지 않기를

감사함이 미안함이 되지 않고 그저 감사하기만 하기를

기일

찬바람이 들어올세라 목도리를 여미는
할머니의 어둔한 손놀림을 보고 있노라니
눈물이 흐른다

찬바람을 못 이겨 흘러내린 콧물을 닦아내는
할머니의 두터운 손등을 보고 있노라니
그리움이 흐른다

이제 곧 다가오는 다섯 번째 기일
달력을 가만히 보고 있노라니
내 마음속 조용히 겨울이 흐른다

겨울 바다

이어폰을 나누어 낀
조심스런 그림자 둘
처어얼 처얼썩
하얀 마음 밀려오네

저 멀리 모양 다른
하이얀 배 두 척
두우둥 두둥실
나란히 앉아 있네

얌전하던 파란 마음
이내 설레어 요동치니
수줍은 배 한 척
저 멀리 도망가네

존경살

일상에서의 자잘한 기쁨과 즐거움이
마음을 뒤흔들던 사랑과 이별이
어깨를 들썩이며 눈물짓게 만들던 크고 작은 아픔들이
한 줄 두 줄 나도 몰래 그려지다가
세월 따라 더해지고 인생 따라 깊어져 가니
불평을 앞세우면 고생 품은 주름살일 뿐이요
감사를 앞세우면 인생을 품은 존경살일러라

해솔길

산 내음 뿜어내는 오솔길을 걷다 보면
어느새 바다 내음이 코끝에 내려앉고
앞서가는 이의 향기 품은 싱그런 체취는
시원한 바람 따라 여인의 가슴 속을 헤집고 들어오니
설렘 가득한 석양이 아름다운 이 길은
어여쁜 사랑이 이루어지는 길

눈물 1

당신을 알아갈수록
나는 자꾸만 깎여나가고
당신과 만나면 만날수록
너무나 아프게도 부서지기만 합니다
모질도록 잔인한 당신이지만
틀림없는 당신이기에
무어라 대들지도 못하겠습니다
오장육보가 뒤틀리는 것처럼
매일매일 더 더 깎이고 깎이지만
내겐 당신밖에 없기에
나는 당신을 사랑하지 않을 수 없기에
오늘 나와 더 가까워진 당신에게
꾹 참은 이 눈물을 고이 올려 드립니다

눈물 2

아파서가 아니라 나을 것을 알기에 흘리는 눈물입니다
죽을 것이 아니라 살 것을 알기에 흘리는 눈물입니다
낙심이 아니라 결단이고 다짐이기에 흘리는 눈물입니다
과거가 아니라 미래이기에 흘리는 눈물입니다
슬퍼서가 아니라 기뻐서 감사해서 흘리는 눈물입니다

동행

아침에 눈 뜨자마자 당신의 이름을 불러봅니다
당신이 좋아하는 생각을 하고
당신이 기뻐하는 마음을 가지고
당신이 즐거워하는 일을 해 봅니다
잠들기 전 나지막이 당신의 이름을 불러봅니다
꿈에서도 당신은 나와 함께 해 줍니다
밤잠을 깨보니 내 입술은 여전히 당신을 부르고 있습니다
24시간 당신에게 푹 빠져있는 내 삶이
미치도록 행복하고 즐겁습니다

왜 말 안 하냐고요?

말 안 하고 참아내야 하는 힘듦보다
말한 뒤에 몰려오는 크나큰 후회가 더 견디기 힘드니까요

외길

좁기도 했다가 넓기도 했다가
높아지기도 했다가 낮아지기도 했다가
어찌 될지 알 수 없는
이 외길을
한 발 두 발 용기 내어 내디뎌봅니다
먼저 가신 그대 따라
이제 막 시작했을 뿐인데
이토록 외롭다니요
그대가 이렇게 외로웠다니요
묵묵하게 걸어가신 그대 따라
한 발 두 발 내디뎌봅니다
두 팔 벌려 나를 반겨주실 그대를 만나러
한 발 두 발 용기 내어 내디뎌봅니다

후회

내가 아파보니 알겠습니다
나는 왜 그때 안아주지 못했을까?
엄습하는 공포가 두려워 눈물 흘리던 당신을 두고
나는 왜 그때 안아주지 못했을까?
밀려오는 고독이 몸서리쳐져서 눈물 흘리던 당신을 두고
나는 왜 그때 안아주지 못했을까?
삶의 끝자락을 붙잡고 눈물 흘리던 당신을 두고
나는 왜 그때 안아주지 못했을까?
내가 얼마나 매정하고 야속한 사람이었는지
내가 아파보니 알겠습니다

추억

석양에 기대어 마루에 휘둘러 앉아
호박잎 깻잎 쪄 올린 밥상 한 상 차려 먹고
야무지게 둘러친 모기장 밖에
코 찌르는 모기향도 두어 개 피워놓고
달빛 찾아 별빛 찾아 손짓 발짓 요란 떨며
도란도란 웃음꽃으로 아찔한 더위를 식히던
그 시절 한여름 밤 추억이 너무도 그립습니다

관계

너무도 다른 우리의 차이를
이해하고 닮아가는 노력으로
교집합만을 고집하기보다

너무도 다른 우리의 차이를
인정하고 포용하는 노력으로
더 큰 합집합을 만들어가는 것

4부

그저 평범한 시골의 산길은, 아직까지는 산속
동물들과 함께 살아가는 곳인지라 재이와 해나의
아침 산책길을 심심하지 않게 해 주고 있다

추억 길

 오늘이 주말이 아닌 평일인 탓일까?
 아님 원래 이곳이 인적이 드문 곳인 탓일까?
 재이와 해나가 함께한 이 낚시터는 오늘따라 너무나도 조용하기만 하다.

 낚싯대를 바라보는 것인지, 한 번씩 바람에 춤춰주는 물결을 바라보는 것인지 모를 재이는 옆에 와서 재잘대는 해나의 수다가 참 재미있는 모양이다. 한 번씩 큰소리로 웃어주는 이 재이에 대해서 생각나는 것이라곤, 그저 남의 말에 귀 기울여주다가 한 번씩 웃어주던 모습만이 전부다. 언제쯤이었는지도 잘 기억이 나지 않는 한참 전 그때도 재이는 오늘처럼 그렇게 웃기만 했던 것 같다. 한눈에 봐도 뭔가 믿을 만한 구석이 있어서 가볍게 구는 듯한 해나의 몸짓은 지난날처럼 오늘도 종알종알 재이에게 뭐라고 말을 해댄다.
 "제가 하는 실수들이 그대 앞에선 실수가 아니라 재롱이 되니 편하고 좋아요."
 수다스러움의 끝에, 그래도 뭔가 불안한 구석이 있었는지 재이에게서 반강제로, '재롱'이라는 보증수표를 얻어 낸 해나는 재이의 소리 없는 '미소'를 두 눈으로 보고 나서야 믿을 만한 구석을 확인했는지, 그제서야 수다의 끝을 마무리한다.

　얼마나 시간이 흘렀을까? 재이는 살림망을 가득 채운 민물고기와 해나의 얼굴을 번갈아 보며 흡족한 표정으로 낚시 가방을 챙기기 시작했다. 그렇게 반나절이 넘도록 함께한 해나는 기다림에 지친 것인지 지루함에 지친 것인지 무거운 발걸음을 보이며, '민물고기 매운탕을 괜히 먹고 싶다 했나 보다.'라고 하며 투덜거린다.
　"그냥 간단한 거 먹고 쉬면 좋겠다~. 휴~."
　어둑해질 무렵에야 숙소에 도착한 재이는 차 트렁크 문을 열면서 어이없는 말투로 한탄한다.
　"아뿔싸! 어떻게 살림망 챙기는 걸 잊어버릴 수가 있지?"
　들으라는 듯 다소 큰 목소리로 말한 재이의 외침을 해나는 들은 건지, 못 들은 건지……. 그 말끝에 이어진 재이의 애정 어린 눈빛과 미소는 두 발 치 앞 해나의 뒷모습에 고이 스며들었다.

　그저 평범한 시골의 산길은, 아직까지는 산속 동물들과 함께 살아가는 곳인지라 재이와 해나의 아침 산책길을 심심하지 않게 해 주고 있다. 무성하게 자란 풀을 헤치기도 하고, 다소 질퍽한 흙길을 피하기도 하면서 그렇게 처음 보는 길을 서로의 손을 꼭 잡고서 천천히 천천히 걸어간다. 코를 자극시키는 진한 풀 내음, 방금 지나간 것을 추측하게 하는 산속 동물의 배설물, 너무나 싱그럽게 작고 파래서 보드랍기만 한 갓 떨어진 풋밤송이, 우렁이 알을

연상케 하는 이름 모를 들꽃까지 그 길을 걸어가는 재이와 해나에게는 모든 것이 선물이고 즐거움이고 추억이 되었다.

두 손을 맞잡은 그들만의 산책길에서, 해나는 생각했다.
'산들산들 바람에 꽃향기를 입혀주는 꽃이라면…….'
두 손을 맞잡은 그들만의 산책길에서 재이는 생각했다.
'향긋향긋 꽃내음을 업고 가는 바람이라면…….'
그렇게 그들만의 '추억 길'에서 해나는 꽃이 되었고 재이는 바람이 되었다.

햇살 좋은 날이면 엄마가 더 보고 싶다

1

책상 위에 서류가 잔뜩 쌓인 채 모니터를 뚫어져라 쳐다보고 있는 지나는 아까부터 조바심이 나는지 자꾸만 볼펜으로 이면지를 찍어댄다.
'오늘 내에 일을 다 끝내야 하는데……'
과장님이 주말까지 정리하라고 했던 기획안을 오늘까지 대충이라도 작성해 놔야 마음이 놓일 것만 같아 이모저모 빠르게 아이디어를 짜내느라 미간에 주름이 진해져만 간다.
오후 5시 55분.
퇴근 시간이 5분밖에 남지 않은 걸 확인한 지나는 컴퓨터의 문서 저장 버튼을 눌러버리고, 책상 정리도 얼른 하고 집으로 향했다. 최근 그녀의 엄마는 당뇨합병증이 심해지는지 음식을 잘 먹지도 못하고 토하기가 일쑤다. 어떨 땐 화장실에서 뒷정리를 다 못하고 변기 옆에 흘리거나, 옷에 묻혀 나올 때도 있다. 몇 년 전부터 그녀는 엄마가 예전에 알아 왔던 것과는 달리 총명함을 잃어간다고 느꼈었다. 나이가 들어서 누구나 생기는 건망증, 그것과는 뭔가 조금 다르다. 언니와 오빠에게 치매인 것 같다고 검사를 한 번 받아봐야 하지 않겠냐고 몇 번을 얘기했었는데도 그때마다 말도 안 되는 소리 하지 말라며 묵살 당해왔다. 하지만 아무리 생각해 봐도 치매가 맞는 것만 같다. 현관문을 열고 집에 들어선 지나는 엄마부터 찾는다.

'오늘은 괜찮은가? 저혈당이 와서 쓰러진 건 아닐까?'

예전이었다면 빨래도 하고, 청소도 해놨을 엄마인데 당뇨합병증으로 눈이 먼 이후로는 집 안을 다닐 때도 항상 손이 먼저 집 안을 더듬는다.

"아휴~ 내가 이러려고 여기 왔나? 내 집에 갈란다. 집에 델따 다고."

눈이 어두워 밖에 한 번 나가지도 못하고, 집을 떠나 딸네 집에 온 이후로 아는 사람 하나 없이 하루 종일 집 안에만 있어야 하는 지나의 엄마는 참다 참다 못해 한 번씩 역정을 낸다.

"왜! 또! 다음 달에 병원 예약해 놨다니까! 병원 가서 종합검진 받고, 그러고 가."

자기도 모르게 목소리가 커진 지나는 그렇게 대꾸를 해 놓고선 혼자 있으면 외롭노라고, 같이 있자고 엄마를 달래 본다. 엄마가 시골에 혼자 있을 적에 안부 전화를 드릴 때면,

"내가 어제는 죽다 살았대이~ 몸에 힘도 없고, 어지럽고 얼마나 팽팽 도는지…. 살려고 겨우겨우 뭐라도 먹고는 억지로 정신 차렸다."

생전 자식들한테 짐 될 일 안 만들겠다고 큰소리치던 엄마였는데 최근 전화로 본인의 심신 상태를 하소연하는 경우가 잦아들었다. 대학교 학자금 대출도 아직 다 못 갚아

서 쥐꼬리만 한 월급으로는 백화점 가방을 살 엄두도 못 낼 형편이지만, 이런 하소연을 들을 때마다 지나는 엄마를 모른 체할 수가 없다. 두어 달을 마음의 결심을 하고 나서야 엄마를 자기 집으로 모시고 온 지나는 마음이 한결 편해짐을 느꼈다. 하지만, 다음 달에 병원 가서 종합검진을 받고 나면 그게 더 큰 일이다 싶다. 혹시라도 큰 병이라도 있으면 어쩌지? 자꾸 토하는데, 위암이라도 있는 거면? 치매가 맞으면 어떡하지? 원래도 급한 성격 때문에 욱하기 일쑤였던 지나의 엄마는 최근에 그 성화가 심해졌다.

어제도 이렇게는 못 살겠다며 악을 써대는 바람에 지나도 그만 참지 못하고 같이 소리를 질러버렸더니, 갑자기 지나의 멱살을 쥐어 잡은 엄마가 어금니를 문 채,

"니가 이럴 때마다 진짜 죽여 버리고 싶다! 아나?"

지나 엄마는 그만 본인 성질에 못 이겨 주워 담지 못할 말을 토해내 버리고 말았다. 순간, 정적이 흘렀다. 한 번도 예상하지 못했고, 어림도 하지 못한 말, 지나는 엄마의 입에서 토해져 나온 이 한마디 말로 머리가 멍해졌다. 치매……. 치매가 맞나 보다……. 멱살을 쥐고 죽여 버리고 싶다며 어금니를 물고, 엄마는 말했다. 생각이 멈춰 버렸다. 같이 소리 지르던 대꾸도 쑥 들어가 버렸다. 너무도 뜻밖의 반응에 지나의 엄마도 놀랐는지 멱살 쥔 손을 다급히 내려놓았다.

"니는 다 잘해놓고 한 번씩 내 속을 뒤집어! 응? 내 속 좀 편하게 해주면 안 되나?"

뭔가 큰 실수를 한 것 같다고 느낀 건지 목소리에 악이

빠져 있다.

 엄마를 모시고 온 이후로 지나는 늘어난 생활비를 체감하며 살고 있다. 혼자 있으면 대충 끼니를 때우거나, 굶어 버린 날이 허다했고, 돈이 아까워서 간식도 과일도 없이 냉장고가 텅 비어 있었는데, 엄마가 온 이후로는 그럴 수가 없다. 늘어난 요리 솜씨로 엄마에게 이것저것 맛 보여 주고 싶기도 하고, 그나마 직장 회식으로 알게 된 맛집 요리들을 맛보여 주고 싶기도 하고, 당뇨가 있어 저혈당이 오면 안 되니 과일이며 간식이 끊어지지 않게 꾸준히 식탁 위에 올려두고 출근해야 하기 때문이기도 하다. 엄마가 와서 생활이 힘들어진 티를 눈치채지 못하게 하기 위함이 사실은 가장 컸다. 생활비도 생활비지만, 육체적인 피로를 무시할 수도 없었다. 혹시나 한밤중 잠든 사이 저혈당으로 쇼크가 오진 않을까 하여 엄마가 집에 온 이후로는 깊은 잠을 자지 못했고, 실제로 매일 밤 엄마가 화장실을 찾는 시간마다 눈이 잘 안 보이는 탓과 집안 구조를 잊어버리는 탓에 늘 동행을 해줘야 했다. 오늘도 저녁을 먹고 일찍 잠들었지만 하룻밤 새 두 번씩 화장실에 가는 엄마를 동행하느라 설잠으로 밤을 지새운 뒤 아침을 맞이했다. 입맛이 없다며 며칠째 밥을 잘 못 먹던 엄마를 위해 들깨칼국수로 아침상을 차렸더니 다행히 건더기를 조금 남기고는 국물을 다 비워낸 엄마를 보고는 흡족하게 현관문을 열고 출근길을 나섰다. 긴 낮 시간 동안 엄마를 집에 혼자 두는 게 여간 걱정거리가 아니었지만, 당분간은 어떻게 할 수가 없다. 치매 확진이라도 받아야 요양병원을 모시든, 재가복지센터를 이용하게 하든 무슨 수가 생긴다 싶어 종합검진을 받는 다음 달까지만 어떻게든 엄마가 무사히 버텨주기를 기다리는 수밖에 없다.

2

지나는 최근 들어, 서둘러 출근을 하곤 한다. 예전 같았으면, 8시 55분쯤에 사무실에 도착해서 부랴부랴 근무를 시작했을 테지만, 지난주 바로 옆 팀에 새로 부임 받아 온 혜안 팀장이 온 이후로는 30여 분을 앞당겨서 출근하기 시작했다.
"지나 씨! 커피 한잔할까?"
"네! 좋아요."
혜안 팀장이 새로 온 이후로, 아침마다 커피를 마시는 20여 분의 그 짧은 시간이 지나에게는 더없는 쉼이 되고 있다. 단정한 옷맵시와 살짝 컬이 들어간 단발머리, 중년의 나이를 가늠하지 못할 예쁜 얼굴에 나근나근한 혜안 팀장의 목소리가 더해질 때면 중년여성의 우아함이 얼마나 아름답고 멋져 보일 수 있는지를 새삼 느끼게 해준다. 그럴 때마다 지나는 본인도 저렇게 차분하고 우아해지고 싶다며 부러움의 눈길을 거두지 못하고 한참을 바라보곤 했다.
'학교 다니는 자녀가 있다고 했는데… 팀장님이시니까, 나이가 좀 있으실 텐데… 나이가 어떻게 되실까? 나보다

두어 살…? 서너 살…?'

혜안 팀장을 알게 된 지 얼마 되지 않아 물어보기가 뭣한데도 궁금한 건 어쩔 수 없다. 혜안 팀장이 직접 내려주는 핸드드립 커피를 한 모금 하면서 이런저런 소소한 이야기들을 나누는 그 짧은 시간이 지나에게는 그렇게 편하고 즐거울 수 없다. 설잠으로 설치는 여러 날 밤의 고단함을 해소시켜 주고 하루를 버텨낼 수 있는 힘을 얻는 것만 같다.

"아침 못 먹었지? 신랑이 계란 삶아 주더라. 먹어봐."

혜안 팀장이 항상 먹을 것을 챙겨오는 바람에 지나는 아침을 먹지 않고 살던 10여 년의 습관을 까맣게 잊어버린 듯하다.

"지나 씨, 어제 제가 말씀드린 건 어떻게 좀 알아보셨어요?"

마케팅부 저 끝에 앉아서 근무하는 요한 대리가 지나 쪽으로 오면서 말을 걸어온다. 지금 하고 있는 사업으로는 부족한지 과장님이 마케팅부에 청소 용역 사업을 검토해 보라고 지시한 모양이다. 기획팀에서 일하고 있는 지나는 이제 막 입사한 지 1년이 넘었다. 여러 팀들의 사업 내용이 기획팀을 거쳐 가는 구조이기도 하지만, 이제 갓 신규로 입사한 탓에 단순한 잡일들이 지나에게 넘겨와지기도 한다.

"아, 네! 여기 자료 정리해 뒀습니다."

책상 위에 쌓여있는 많은 서류에 붙어있는 포스트잇을 손가락으로 훑어 내리더니 금세 서류 하나를 집어 들고는 요한 대리한테 넘긴다.

"아~ 네. 고마워요."

내성적이기도 하고 평소 말수가 적기도 한 요한 대리가 서류를 받아 들고는 자기 자리에 가서 앉는다.

엄마가 온 뒤로 지나는 하루에 잠을 서너 시간만 자는 것 같다. 잠을 충분히 자지 못하니 점점 몸이 무거워지는 것만 같다. 점심 휴게시간에 삼삼오오 모여서 수다 떨고 있는 여직원들을 보노라면, 뭐가 저렇게 즐거울까 싶다. 흡연 박스 근처에서 커피를 들고 서 있는 남자 직원들 얼굴에도 젊음과 활기가 그대로 드러난다. 혜안 팀장이 지나에게 다정하게 다가오는 경우 말고는 지나가 웃을 일은 아무리 생각해 봐도 없는 것 같다.

엄마는 예전부터 지나에게 입버릇처럼 말하곤 했다.

"죽은 뒤에 울지 말고, 살아 있을 때 찬물 한잔이라도 공손하게 드리는 게 낫대이~."

엄마가 했던 이 말을 생각하면서 지나는 엄마가 살아계시는 동안, 어떻게든 잘 해드려야지 하고 다짐해 본다.

'그래. 효도해야지… 그게 맞는 거지…….'

돈이 아깝다는 생각이 들 때마다 그런 생각을 뿌리치고는 무리해서 옷도 사드리고, 신발도 사 드렸다. 보약도 지어드리고 용돈도 드렸다. 지나가 할 수 있는 최선으로 효도를 다 하고 있다고 생각하고 있다. 하지만 밤잠을 설쳐가면서 엄마를 보살펴야 하는 요즘, 지나는 피곤함이 누적될 때마다 엄마를 대하는 짜증스러움이 점점 많아져 가고 심해져 간다. 억지로, 억지로 세뇌당하듯 그리고 자기 체면을 걸듯, 효도하리라 마음먹은 결심이 기계적으로 짜증을 누르고 있을 뿐임을 지나는 조금씩 조금씩 깨닫고 있다. 그때마다 다시 마음 깊이 우러나오는 효를 실천하리라 결심을 새로이 해 본다.

'병원에 얼른 모시고 가서 종합검사를 받게 해 드려야지. 일단 그것부터 하자. 그래. 엄마를 내가 돌봐야지 누가 책임지겠어.'

머릿속의 8할이 엄마 생각인 지나는 오늘도 퇴근 시간에 맞춰 업무를 모두 끝내려고 부랴부랴 움직인다.

3

"나 외로워 죽겠어. 진짜 마음 둘 데가 없다."

"……."

"너네 사무실에 괜찮은 남자들 없어? 좀 찾아봐."

"없어."

"야~! 없긴 왜 없냐? 그러지 말고 좀 적극적으로 찾아봐. 나 진짜 마음 둘 데 좀 있으면 좋겠다야."

"……."

"거기 젊은 사람들 많아? 총각 많아?"

"응~ 몇몇 있는 것 같더라. 근데 말 걸어본 직원은 거의 없어."

현이와 대화하는 카톡 중에 지나는 요한 대리를 순간적으로 떠올려 본다. 한 마디라도 했던가?

"그러지 말고 좀 찾아줘 봐. 이번 주말에 소개팅 좀 하

자. 응?"

"진짜 없어. 총각 직원이 한 명이 있긴 한데, 일 때문에 딱 한마디만 했었어. 그게 다야. 나이도 모르고. 근데 그걸로 갑자기 어떻게 소개팅 얘길 하냐?"

"야! 너는 친구한테 그 정도도 못 해 주냐?"

카톡으로 줄기차게 남자 친구 소개해달라고 졸라대는 현이의 성화에 지나는 한숨을 쉬고 만다. 현이 성격을 봐서는 소개팅이 성사될 때까지 핸드폰 카톡에 숫자 1이 끊임없이 뜰 텐데 말이다.

어려서부터 가난하게 자라왔던 지나는 정작 본인도 소개팅이란 걸 해 본 적이 없다. 소개팅이 무슨 말이던가. 학창 시절에 누구나 해봤을 법한 미팅도 못 해봤고, 대학교 MT도 못 가봤다. 아니 안 갔다. 공부하고 상관없이 돈이 들어가는 일을 두고 엄마에게 말씀드리는 것은 진작부터 포기하고 살아왔다. 아니, 전혀 관심이 없었다. 지나가 관심 가질 영역이 아니었다. 중학생 때였던가? 학교에서 쉬는 시간에 친구들과 얘기하는데, 친구가 집에서 머리를 자르고 왔다고 했다. 그 말을 듣는 순간 지나는 집에 가자마자 엄마에게 머리를 잘라달라는 얘기를 해야겠다고 마음먹었다. 미용실 비용 7천 원을 절약할 수 있으니 엄마가 얼마나 좋아하실까 하는 생각에 집 가는 걸음이 빨라지기도 했었다.

아는 사람이 있어야 뭘 소개를 하든지 말든지 하지……. 얘기 한번 나눠본 사람이 없는데 무슨 소개팅은…? 순간, 지나의 머릿속에 요한 대리가 스쳐 지나간다. 말수 적고 내성적인 사람. 나이가 얼마나 됐을까? 오목조목 다부지게 생긴 얼굴이 나이를 가늠할 수 없게 한다. 30대 초반? 20대 후반? 사회 초년생일 것만 같은 얼굴은 뒤로하고 대리라는 직책을 두고 나이를 가늠해 본다. 영~ 모르겠다. 요한 대리라면 소개팅을 부탁해 봐도 될 것 같다. 다른 사람들한테 소문내지도 않을 것 같고, 애인이 있을 것 같지도 않을 것 같고, 어쩌면 소개팅 제안을 좋아할 수도 있을 것만 같다.

'그래, 내일 한번 얘기해 보자.'

핸드폰을 잡은 지나의 손길이 분주해진다.

"현이야~ 너 누구든 상관 없댔지?"

"오! 있구나! 이 봐~ 너가 적극적으로 안 찾아본 거지? 누구야? 누군데? 말해 봐 얼른~."

"아 그게~ 말이야."

지나는 그렇게 30여 분을 카톡으로 요한 대리를 친구에게 알려줬다. 본인이 알고 있는 대로···. 아니, 그저 그냥 지나가 본 대로······.

현이는 싱글벙글 기분이 신나 침대 위를 뒹굴었다. 네 번째로 직장을 옮겨 새로 다니는 직장에서 일한 지 한 달이 채 안 됐지만 벌써부터 지겨워지기 시작했다. 퇴근할 때마다 구인 광고가 적힌 교차로를 전봇대 신문 통에서 집어 들었다. 월급을 더 많이 주고 좀 더 편하고 오래 다닐 수 있는 직장이 어디 없을까? 희한한 건 현이는 직장을 그만두기도 잘 그만두지만 또 잘 구하기도 한다는 것이다. 첫 번째 직장은 대기업 영업부 막내였었다. 대학을 졸업하기도 전에 취업을 해서 적응하며 잘 다닌다 싶더니, 그 곳에 있는 엘리트들한테 비교 당하는 게 일쑤였고, 그럴 때마다 너무 자존심이 상해서 다니기 싫다며 관둬 버렸다. 그러곤 다시 중소기업 경리부에 입사를 했는데, 출근길이 너무 멀어서 싫다고 6개월이 안 돼서는 또 그만뒀다. 세 번째는 휴대폰 대리점에서 일하게 됐는데, 손님들에게 휴대폰을 팔기도 해야 한다며 손님 비위 맞추는 게 싫다고 또 관뒀다. 이번이 네 번째인데 조금 작은 광고기획사에 취업을 했다. 대학 전공이 경영학과인지라 광고기획사에서 전문직을 맡을 순 없고 그저 고등학교를 갓 졸업한 새내기들과 어울리며 이것저것 잡일을 하고 있다. 그래서인지 또 잡일을 해야만 하는 처지가 싫다며 다른 직장을 알아보고 있는 중이다. 지나는 직장생활이 재미있나? 그나저나 소개팅이 빨리 돼야 할 텐데. 타지에 와서 그나마 마음 터놓고 얘기하는 친구는 지나뿐인데 어찌 현이 속마음을 지나한테 다 얘기할 수 있으랴…. 부모한테 못할 얘기는 형제한테 하고, 형제한테 못할 얘기는 친구한테 하고, 직장동료한테 못할 얘기는 또 다른 친구한테 하고, 친구들한테 못할 얘기는 또 가족에게 하고……. 그런데, 이렇게 저렇게 뱅글뱅글 돌려가며 이야기를 해 봐도 뭔가 채워지지 않는 마음 한구석이 있다. 현이는 얼른 남자 친구가 생겼으면 좋겠다고 생각해 본다. 키도 크고, 어깨도 넓고, 잘 생기고, 공부도 잘하고 똑똑한 남자면 얼마나 좋을까? 아니지, 일단 누구라도 남자면 되겠다 싶다. 아니지, 아니다. 그냥 남자는 안 되고 똑똑한 남자면 좋겠다 싶다. 자식을 낳으려면 똑똑한 자식을 낳아서 SKY대라도 보내야 하는데 그러려면 남편 될 사람이 똑똑해야지. 고등학교 때 전교 1등을 여러 번 해봤던 현이는 반드시 남편감은 똑똑한 사람이어야 한다고 생각하며, 그와 동시에 다가올 소개팅에 기대를 걸며 흐뭇해한다.

4

출근길 버스 안에서 지나는 가방 안에 있는 통장을 꺼내봤다. 정리 한번 한 적 없는 주택청약통장, 적금통장, 월급통장. 스마트뱅킹으로 은행 업무를 거의 다 보다시피 하는 지나지만 통장을 가지고 다니면서 한 번씩 만져보며 흐트러지지 않는 생활력을 다짐해 보곤 한다. 핸드폰으로 월급통장 계좌를 확인해 보니, 잔액이 80만 원도 채 안 된다. 다음 달에 엄마를 모시고 병원에 갔다가 혹시 병원비가 많이 나오면 돈이 있어야 할 텐데 잔액이 이 정도밖에 되질 않음을 확인하고는 괜히 핸드폰 화면을 위아래로 움직여본다. 그래, 내가 좀 덜 쓰면 되지. 오늘 퇴근길에는 엄마 입맛을 돋울 만한 걸 사 가지고 가야겠다고 생각해 본다.

"죽은 뒤에 울면 뭐하냐. 살아 있을 때, 찬물 한 그릇이라도 공손하게 드리는 게 백 번 낫지."

엄마가 늘 하던 말이 생생하게 들려옴을 상기하며, 지나는 또 한 번 마음을 다잡아먹는다. 그래, 살아계실 때 잘 해 드리자. 어느새, 버스는 회사 앞까지 도착했다. 버스에서 내려 부지런히 걷고 있는 지나는 저만치 앞에서 걷고 있는 요한 대리를 본다. 소매 한 겹을 반쯤 걷어붙인 파란색 셔츠에, 발목 언저리에 자연스럽게 주름진 채로 바닥에 이끌려 뒤가 살짝 닳은 청바지, 파란색 나이키 운동화, 책 한 권 정도는 들어갈 것 같은 검은색 크로스백. 걷는 걸음이 다부져 보인다. 특별히 잘생기지도 않았지만, 미운 얼굴도 아니고, 어떻게 보면 호남형이기도 한 얼굴에 투블럭 반곱슬머리. 말수가 적은 탓인 건지 원래 입술을 앙다물고 있는 건지는 잘 모르겠지만 그 모습엔 '나는 누구와도 쉽게 어울리기를 싫어하는 사람이오.' 하는 것만 같다. 현이와의 소개팅. 어떻게 말을 꺼내 보지? 나를 이상한 사람 취급하는 건 아닐까? 에이 뭐 어때? 젊은 선남선녀가 소개팅을 할 수도 있는 거지 뭘. 근데, 언제 얘기 하지? 사무실 안에서 얘기하면 다른 사람들이 들을 텐데~. 쪽지를 해 볼까? 친한 사이도 아닌데, 쪽지를 보내면 좀 무례한 걸까? 그러다 옆자리 직원이 요한 대리 모니터를 보게 되면? 사무실에 도착한 지나는 오늘도 어김없이 혜안 팀장과 티타임을 갖는다.

"지나 씨~ 계란 하나 먹어."

오늘도 혜안 팀장은 지나가 먹을 것까지 생각해서 계란 2개를 삶아 왔다. 커피를 내리는 혜안 팀장의 손길이 능숙하다. 어쩜 목소리가 저렇게도 차분할까? 혜안 팀장을 닮고 싶은 마음이 점점 커져만 가는 지나는 향긋한 커피 향에 엄마를 돌보느라 힘들었던 어젯밤의 피곤이 다 가시는 것을 느낀다.

"커피 향이 너무 좋아요."

커피 드리퍼를 설거지하는 동안 요한 대리가 탕비실에 들어왔다. 머그잔에 일회용 블랙커피를 담고 정수기 온수를 채우는 것을 본 지나는, 사무실 자리로 돌아간 혜안 팀장을 확인한 후 곧바로 탕비실에 둘밖에 없음을 또 확인했다.
"요한 대리님, 혹시 소개팅 하실 생각 있으세요?"
"네?"
"아~ 아… 네… 그, 그게, 제 친구 중에 괜찮은 친구가 한 명 있는데……. 저… 그러니까…… 요한 대리님 혹시 애인이 없으시면 소개팅을 한 번… 해보시는 게 어떤가…… 해서요."
요한 대리가 티스푼으로 머그잔을 휘저으며 지나 쪽으로 고개를 돌렸다.
"아~ 네. 네~ 뭐~ 좋아요. 네. 해 주세요."
요한 대리의 입술자락이 살짝 올라간 것 같기도 하고 그저 움직인 것 같기도 하다. 그 모습을 본 지나가 먼저 미소를 지어 보인다.
"아. 네. 그럼, 날짜는 언제가 좋으세요?"
"저는 뭐, 아무때나 다 됩니다."
"그럼, 제가 친구랑 얘기해 보고 다음에 다시 말씀 드려도 될까요?"
"네. 네~ 뭐~ 그러세요."
지나의 주춤한 미소를 보기만 하고 그저 덤덤한 표정만

지은 채 탕비실을 빠져나가는 요한 대리의 뒷모습을 보면서 지나는 참 다행이다 싶었다. 이런저런 걱정이 많았는데, 요한 대리가 별일 없이, 아니 어쩌면 싱겁게 승낙을 했다.

현이에게 소개팅 날짜와 장소를 정해서 알려줄 것을 카톡으로 보내놓고는 책상에 앉아 턱을 괴고 잠시 생각에 빠진다. 엄마가 정말 위암이라도 걸린 거면 어떡해야 될까? 치매인 것을 진단받게 되면 어떡해야 할까? 당뇨 관리가 안 돼서 자꾸만 저혈당에 빠지는데…. 낮엔 엄마를 돌봐 줄 수가 없는데…. 그럼 입원비가 좀 저렴한 병원을 찾아봐야 하나? 엄마는 병원에서 죽기 싫다고 했는데…….

"지나야~ 8층에 살고 있는 권 할아버지 알지?"

"응."

"그 양반 하루도 빠짐없이 운동하고 밥 잘 챙겨 먹던 양반인데, 몸이 좀 아팠는지 자식들이 요양병원에 데려다 놨다고 하더라고. 그런지 한 달도 안 돼서 죽었다고 하드라~. 세상에! 병원이 사람 고치는 데가 아니고 죽이는 데다."

"돌아가셨다고? 왜? 어디가 아프셨는데?"

"나도 모르지. 밥 맛 없어서 며칠 감기몸살 하듯 했는데, 며느리가 와서 밥 챙겨주기 싫으니 병원에 데리고 갔나 보지. 근데 그래 사람이 확 죽어버리네. 요양병원에 있는 할매 할배들이 전부 다 거기 죽으러 간 거지 살러 간 거냐? 자식들이 돌보기 싫어 노니 거기 데려다 놓은 거지. 나는 병원에서는 안 죽는대이. 병원에 갈 정도 되면 혀 깨물고 콱 죽어버리지. 자식들 욕보이게 병원에서 사람 대접 못 받고는 그래 죽는 게 그게 어디 사는 거라? 지나야~ 나는 나중에 내가 몸 아파 못 움직일 정도가 되면 집에서 약을 먹고 죽든, 혀를 깨물고 죽든 할거지 절대 병원에는 안 간다. 보름만 곡기 끊으면 되는데 뭐 할라고 그래 사노?"

 지난번 지나가 시골 엄마 집에 갔을 때 요양병원을 두고 한 말이다. 결혼한 지 얼마 안 돼 학교도 안 간 애기가 셋이나 있는 오빠는 그냥 탈 없이 자기들끼리 잘 살아주기만 해도 지나는 고마울 뿐이다. 뭐라도 주위에 있는 사람이 잘 되고, 잘 살아야 나 스스로도 편한 법인데, 하물며 오빠는 오죽하랴. 괜히 엄마 일로 새언니가 기분 상해하고 힘들다고 투정할까 봐 지나는 홀몸인 본인이 엄마를 끝까지 돌보는 게 맞다고 생각하고 있다. 그런데, 한편으로는 또 그리되면 그것이 오히려 오빠가 고향 동네에서 구설수에 오르게 되는 일이 되는 것일까 염려되기도 하다. 요새는 아들보다 딸 낳기를 더 선호하고, 딸만 있는 집을 딸부잣집이라고도 부르는 게 지금 시대이기도 하지만 그래도 나이 팔십이 다 돼가는 지나 엄마한테는 아직까지도 아들인 지나 오빠가 더 중요하고, 지나 오빠의 체면을 세우는 일이 더 급한 것이 사실이다. 아니, 엄마의 문제에 대해서 결정하는 부분을 지나가 하는 것보다 지나 오빠가 하게 하는 것이 엄마 마음에 더 안정감을 줄지도 모를 일이다. 아니 맞다. 그렇다. 최고로 좋은 내 딸, 안 낳았으면 어쩔 뻔했을까? 하고 칭찬일색을 늘어놓는 지나의 엄마이기도 하지만, 엄마 문제에 있어서만큼은 지나보다 지나의 오빠가 결정했을 때 마음에 들든 안 들든 엄마가 수월하게 응하리라. 지나가 생각을 마무리하기 시작했다. 우선 병원에 모시고 갈 때까지 최선을 다해서 잘해 드리자. 그러고 나서 뭐든 결정할 일이 생기면, 그때 오빠에게 연락을 하자. 서류를 살펴보려고 집어 들면서 지나는 오빠에게 연락하게 되는 순간 엄마의 죽음도 멀지 않을 수 있겠다는 생각이 들었다.

5

금요일 저녁 6시 50분.
모퉁이를 돌아 조금만 가면 곱창 골목이 나온다. 저녁 7시에 맛깔 곱창집에서 소개팅을 하기로 했는데, 혼자 가기가 부끄럽다며 현이는 편의점 앞에서 지나와 만나서 같이 가자고 졸라댔다. 퇴근하자마자 편의점 앞에 먼저 도착한 지나가 현이를 기다린다. 50미터쯤 저 멀리, 미니스커트와 하이힐을 신은 현이의 걸음이 가볍고 경쾌하다. 오늘 사무실에 출근한 요한 대리는 특별히 달라진 게 없어 보였다. 옷도 그냥 늘 입던 셔츠에 청바지였고, 헤어스타일도 그냥 늘 보던 그대로, 말 수 없음도, 표정도 다 그대로였다. 그에 반해 친구 현이는 한껏 차려입었다. 늘 다이어트에 신경을 곤두세우고 있는 친구라서 그런 건지, 뱃살도 하나 없이 늘씬한 다리에 각선미가 돋보인다. 누가 봐도 외모 하나는 끝내주고 지나와는 다르게 세련미도 당당미도 넘친다. 지나와 현이는 곱창집에 들어섰다. 테이블이 8개는 돼 보이는데 2층으로 올라가는 계단도 있는, 겉보기와는 달리 규모가 있는 식당이다. 식당에 들어서자, 홀 중간쯤 먼저 자리 잡고 앉아 있는 요한 대리가 보였다.
"안녕하세요?"
"아~ 네 안녕하세요?"
"대리님, 먼저 오셨네요~. 많이 기다리셨어요?"
요한 대리가 일어서며 먼저 인사를 건넨다. 쾌활한 성격의 현이는 어느새 붙임성 좋게 수다를 떤다. 깔깔깔~ 하하하~ 호호호~ 웃기도 어찌나 잘 웃는지~ 남자들이 좋아할 만하다. 주거니 받거니 술잔으로 어색함을 풀고, 현이의 붙임성 좋은 말들로 분위기가 무르익어 가고 있다. 말수 적은 요한 대리도 예쁘고 성격 좋은 현이와의 대화 속에서는 제법 대꾸도 잘 지나가고 웃기도 한다. 술이라곤 잘 못 마실 것만 같은 요한 대리였는데, 의외로 제법 잘 마신다. 아니, 술을 좋아하는 것 같다. 술잔을 기울인 뒤 살짝 눈을 찡그리며 은근히 만족해하는 표정이 누가 봐도 영락없이 술꾼이다.

소맥에 곱창. 사실 지나는 직장에 들어와서 곱창이란 걸 처음 먹어봤다. 보기에도 징그러워 보이고, 뭔가 구역질 날 것만 같아서 젓가락질하기가 내심 불편하다. 그래서인지 곱창과 같이 나오는 부추와 감자에만 자꾸 손이 간다. 너무 안 먹으면 같이 있는 두 명이 불편해 할까봐 먹기 싫은 티를 내기가 싫어 가장 깔끔해 보이는 걸로 집어 입에 한 번 넣어봤다.

"지나 씨, 그런 거 말고 이렇게 속이 꽉 찬 걸로 먹어보세요. 이게 진짜 맛있는 거예요."
요한 대리가 곱이 실한 놈으로 하나 정해서 권해본다.

"아~ 네."

지나가 고개를 살짝 끄덕였다.

"우리 한잔 할까요?"

현이가 술잔을 들었다. 현이의 외침에 맞춰 지나는 입술만 살짝 적시고는 요한 대리가 방금 알려준 곱창을 집어 입으로 넣어본다. 입 안에서 맴도는 곱창의 식감과 맛을 음미하며 어쩌면 앞으로 지나 자신도 곱창을 좋아하게 될 수도 있겠다 싶다.

"어땠어?"

"응? 요한 씨?"

"응. 맘에 들어?"

"뭐~ 직장 좋고, 인물은 그만 하면 됐고. 근데 말수가 좀 없네~. 나는 남자가 리드해 주는 게 좋은데 말이야. 뭐 나쁘지는 않은 것 같아."

소개팅이 끝나고 헤어지는 길목에서 지나의 물음에 답하는 현이의 목소리가 상쾌하다. 소개팅이 그만그만 했나 보다. 그래 이제 둘이서 알아서 하겠지.

집으로 돌아가는 지나의 발걸음이 서둘러진다. 엄마는 괜찮을까? 괜찮겠지? 시간이 너무 늦었나? 시계를 보니 10시가 좀 못 된 시간이다. 시간이 이렇게 빨리 흐를 줄이야. 종종걸음으로 집에 도착한 지나는 엄마부터 살펴봤다. 침대에 누워서 곤히 주무시고 계시다. 저혈당이 오면 먹으라고 머리맡에 둔 사탕들도 아직 여유가 있고, 두유도 그대로 있다. 주무시고 있는 얼굴을 보니 별일 없었던 것 같다. 백옥처럼 하얀 지나의 엄마 얼굴은 나이 탓에 생긴 주름 말고는 정말 곱다. 지나가 어렸을 적부터 지나의 엄마는 매일 아침마다 화장을 했다.

"여자가 아침마다 화장을 하려면 얼마나 부지런해야 하는 줄 아나? 여기 이 동네 여자들 나처럼 화장하는 사람이 어디 있는 줄 아나? 여자는 모름지기 밖에 나가든 안 나가든 화장도 하고 옷도 깨끗하게 입고, 단정하게 하고 있어야 된다. 알긋나?"

빨간 립스틱을 즐겨 바르던 지나의 엄마는 아침마다 마당에 나가서 머리를 단정하게 빗고, 앉은뱅이책상에 거울을 올려두고는 화장도 곱게 한 후에 하루를 시작했다. 농촌에 살고 있으면서도 아모레 화장품 아줌마가 주기적으로 지나의 집에 들러 새로 나온 화장품을 팔고는 했다. 그럴 때마다 지나의 엄마는 영락없는 여자의 모습이었다. 치장하기 좋아하던 지나의 엄마는 이제 나이가 들어 앞도 잘 못 보고 딸네 집에서 하루 종일 갇혀 있다가 딸이 퇴근해서 와도 별 대화 없이 잠만 자는 일상으로 바뀌어 버렸다. 그런 엄마의 모습을 가만히 내려다보고 있는 지나. 그래, 세월이란 것은 거스르지도 못하고 이겨내지도 못하는 법이지…….

"우리 엄마 진짜 곱네."

혼잣말을 하며 뒤돌아 방을 나선 뒤 화장실에 들어선 지나가 기겁을 한다. 좌변기 옆으로 엄마가 흘려버린 대변 찌꺼기가 눈에 보였다. 무표정의 얼굴을 한 채 지나는 그 자리에 그대로 앉아 화장지로 닦아내고 물로 씻어 내렸다.

지나의 손길에, 청소를 하고 있다는 것과는 상관 없는 그냥 기계 같은 움직임만이 보인다. 열심히 닦아내려고 하지도 않고, 깨끗하게 닦아내려 하지도 않는 것 같다. 그냥 반복적인 닦아냄만이 두드러져 보인다. 씻어낼 것을 다 씻어내고 닦아낼 것을 다 닦아낸 후 욕실을 나서는 지나가 방으로 들어간다. 어깨가 조금 쳐진 듯한 지나의 뒷모습에서 지나의 눈물이 보인다. 작은 눈물방울이 발등으로 떨어졌다.

6

며칠이 지났다.

햇살이 따사로운 출근길, 버스 안에서 지나는 블루투스 이어폰 한쪽을 오른쪽 귀에 꽂았다. 아무것도 방해받지 않아도 되는 방 안이라면, 양 쪽 다 꽂았을 텐데 항상 주위를 예의주시하고 살피는 성격이 이어폰 한 개만을 선택하는 데에도 미친다. 오른쪽 귀에는 잔잔한 팝송이 흐르고, 왼쪽 귀에는 버스 안에서의 잡음이 들린다. 차창 밖을 가만히 내다보았다. 대학생쯤 돼 보이는 남녀 학생이 나란히 정겹게 앉아 있다. 조금 지나니, 통화를 하면서 걷고 있는 여성이 보인다. 조금 더 지나니 여럿이 왁자지껄 떠들며 등교하는 초등학생들도 눈에 띈다. 그러고 보니, 나뭇잎들도 하나가 아니라 무수히 많은 여럿이다. 풀잎도, 꽃잎도 하나가 아니다. 사람은 혼자 태어나서 혼자 죽으니 결국은 혼자라고 했던가? 아니, 사람은 혼자가 되기 싫어서,

혼자 살 수 없어서, 더불어 살 수밖에 없어서 가정을 이루고 사회를 이룬다고 했던가? 아니, 사람은 철저히 혼자다. 아니다. 지나가, 지나 본인만이, 철저히 혼자다.

"집안 얘기가 집 밖으로 새는 것보다 어리석은 일은 없데이~ 지 얼굴에 지 침 뱉기지. 다 지 집안 욕을 하는 거나 매한가지다. 여자는 어디 가도 입 싸게 놀려서는 안 된다. 알긋나? 자고로, 여자든 남자든 사람이 입이 무거워야지, 입 가벼우면 안 된다. 명심 하그래이~."

초등학교 3학년도 안 된 지나에게 엄마는 야무지게도 가르쳤다. 명심하고 또 명심하라면서 말이다. 아무것도 모르고 순진하게만 자라났던 시골 아이 지나는 초등학교 5학년이 되면서 사춘기에 접어들었다. 학교에서 수업하고 놀고 떠드는 중간중간 뭔가 바지 속에 불편함이 있음을 느꼈지만, 에너지 넘치게 움직이고 노는 사이 학교 수업을 끝내고 집 화장실에 가서야 속옷이며 바지가 검은색에 가까운 검붉은색으로 물든 것을 확인했다. 순간 겁이 덜컥 났다. 이게 뭐지? 끈적끈적하기도 하고 말라붙은 바지의 겉은 어찌 보면 상관없을 것 같기도 하고…. 바지 하나로 일주일을 버티던 시절이라 엄마한테 혼날까 그저 팬티만 벗어서 빨래통 저 깊숙이 집어넣어 버리고는, 금세 그 덜컥했던 겁은 어디로 갔는지 장롱에서 낡은 팬티 하나를 꺼내 입고는 태연한 척 눈 감아버린다. 다음 날 아침, 바지를 다시 집어 입고 학교에 갔는데 어제의 그 태연함은 어디로 갔는지 못내 바지 뒷부분이 신경 쓰인다. 며칠 뒤 옆 반 담임 선생님이신 여자 선생님이 조용히 지나를 불러 여학생이 겪는 2차 성징기에 대해 설명해 주고 생리대를 건네주셨다. 아마도 남자였던 지나의 담임 선생님이 살며시 부탁을 한 것 같다. 그 일을 계기로, 지나는 밝고 모범생이기만 했던 학교생활이 삐뚤어지기 시작했다. 아니, 제대로 사춘기 성장통을 겪어나갔다. 매일 고민하고, 우울해하고, 사색하고, 집안의 형편 어려움을 괴로워하며 친구에게 괴로움의 밑바닥까지 다 털어냈고, 그런 지나에게 다정하게 다가온 담임 선생님에게도 고민 상담이라는 이름을 빌려 집안의 세세한 부끄러운 일까지도 다 말해버렸다. 그렇게 담임 선생님을 향한 '첫사랑'도 키워 나갔다. 5학년을 그렇게 남들보다 몇 갑절이나 되는 크기로 사춘기를 온몸으로 겪어내며 6학년이 되었고, 5학년 때 담임 선생님에게 '비밀'이라고 약속하며 말했던 것이 6학년 담임 선생님이 그대로 알고 있다는 사실에 몹시 충격받으며 다시는 남들에게 어떤 이야기도 하지 않으리라 다짐했다. 그렇게도 입을 가볍게 놀리지 말라고 했던 엄마의 가르침을 이제는 지킬 수 있겠노라 이제는 그리하겠노라 다짐했다. 중학생이 되어서도, 성인이 되어서도, 지나는 비밀이라고 얘기하는 모든 이들의 이야기를 지켜줬다. 물론, 지나의 이야기는 지나 안에서만 머물렀다. 그렇게 지나는 혼자가 되어 살아왔고, 살아가고 있다. 버스 창으로 스며드는 햇살이 지나의 눈을 찡그리게 한다. 지나의 시선이 창밖을 향했고, 버스가 멈췄고, 지나는 버스에서 내렸다. 회사를 향하는 지나의 출근 걸음은 여느 때와 다를 것이 없다.

아침 8시 30분.

바로 앞에서 버스가 멈춰 서더니 지나가 버스에서 내린다. 앞서가는 지나의 뒷모습을 보며 걷는 요한은 지나를 불러 세워 인사를 할 법한데도 그저 조용히 따라만 간다. 얼마 전 신입사원이 출근했다며 인사를 하는 모습을 보던 요한은 업무 도중 잠시 눈길만 돌려 지나의 얼굴만 확인했다. 특별히 예쁘지도 튀지도 않는 평범한 여사원이 새로 왔을 뿐이다. 점심시간이 되어 자리에서 일어나 사무실을 나가던 요한의 눈에 잠시 잠깐 새로 온 여사원의 블라우스 단추가 반짝이는 것이 눈에 띄었다. 다음 날, 복도에서 지나와 잠깐 스쳐 지나가는데 어제의 그 블라우스를 입고 있는 것이 또 눈에 들어왔다. 그렇게 시간이 흘러 지나가 업무를 어느 정도 익혔을 때쯤 요한이 지나에게 단순 업무 하나를 부탁했다. 특별히 기대한 바가 없었는데, 깔끔하게 잘해 줘서 요한은 한번 놀랐고, 서류를 건네는 지나의 손끝에서 이어지는 블라우스에 시선이 잠시 머무르는 동안 얼마 전에 봤던 블라우스 단추의 그 반짝임이 상기되면서 본인의 가슴을 뛰게 만든 것에 또 한 번 놀랐다. 5초도 되지 않을 그 짧은 순간을 누군가에게 들켜버리는 건 아닐까 싶어 얼른 제자리로 돌아가 태연한 척 자리에 앉았다. 그 이후 지나의 근처를 지나가게 될 때마다 본인도 모르게 지나에게 한 번씩 눈길이 쏠리는 것을 요한은 의식적으로 조심해 왔다.

"요한 대리님, 혹시 소개팅 하실 생각 있으세요?"

"네?"

"아~ 아… 네… 그, 그게, 제 친구 중에 괜찮은 친구가 한 명 있는데……. 저… 그러니까…… 요한 대리님 혹시 애인이 없으시면 소개팅을 한 번… 해보시는 게 어떤가…… 해서요."
생각지도 못한 지나의 말에 요한은 순간 주춤한다.
"아~ 네. 네~ 뭐~ 좋아요. 네. 해 주세요."
요한의 눈에 미소 지어 보이는 지나의 얼굴이 들어왔다.
"아. 네. 그럼, 날짜는 언제가 좋으세요?"
"저는 뭐, 아무 때나 다 됩니다."
"그럼, 제가 친구랑 얘기해 보고 다음에 다시 말씀드려도 될까요?"
"네. 네~ 뭐~ 그러세요."
며칠 전 탕비실에 들어선 요한에게 지나가 소개팅을 제안해 왔고, 갑작스런 지나의 제안에 요한은 얼렁뚱땅 대답해 버리고는 자리로 돌아와 앉았다. 이제 어엿한 직장인이 됐으니 나도 여자 친구가 있어야 할 나이가 됐다는 것은 알고 있었지만, 당장 있어야겠다는 생각은 해 본 적이 없다. 소개팅을 하면 좋을 수 있겠다는 것은 알고 있었지만 당장 소개팅을 해야겠다는 생각도 해 본 적이 없다. 그런데, 그날 탕비실에서 요한은 엉겁결에 소개팅에 응해 버렸다.
소개팅을 하기로 한 날 요한은 곱창 집에 먼저 도착해 지나와 지나 친구를 기다렸다. 곱창 집 문밖 저 멀리서 지나가 걸어오고 있는 게 보였다. 술과 곱창이 나왔고 지나가 곱창을 뒤적이는 게 보였다. 지나가 곱창은 먹질 않고 주변 반찬에만 젓가락질을 하는 게 보였다. 그리고 같이 온 친구보다 말수가 적다는 것도 알게 되었다. 자리가 자리이니만큼 말수를 줄인 것인지, 원래 그런 것인지는 잘 모르겠지만 자리를 배려하는 태도를 취할 줄 아는 사람이라는 것도 알게 됐다.

곱창을 집어 드는 지나의 젓가락질이 요한에게는 조금 어색해 보였다.

"지나 씨, 그런 거 말고 이렇게 속이 꽉 찬 걸로 먹어보세요. 이게 진짜 맛있는 거예요."

"아~ 네."

요한이 지나에게 말했다. 요한이 알려 주는 대로 젓가락으로 곱게 집어서 입속에 넣는 지나의 모습을 살짝살짝 쳐다봤다. 요한의 두 눈꼬리와 입술 자락이 살짝 올라간다. 만남이 끝나고 헤어지는 시간, 친구와 걸어가고 있는 지나의 뒷모습을 잠깐 바라보고는 집으로 돌아온 요한은 휴대폰을 꺼내 들었다.

"잘 들어가셨어요?"

"네! 요한 씨도 잘 들어가셨나요?"

"네. 오늘 즐거웠습니다. 다음에 또 한 번 뵙죠."

"그래요~ 잘 주무시구요."

귀여운 이모티콘을 같이 보내주는 지나 친구와의 카톡을 마무리로 이 정도면 상대방에 대한 배려는 됐겠지 하고 요한은 생각했다. 지나와 사적인 시간을 같이 보냈다는 사실이 묘하게 요한의 가슴에 작은 울림이 되는 것을 느꼈다. 지나의 친구에게는 다시 보자는 연락을 하지 않기로 했다. 아니, 하지 않아도 될 것만 같았다. 사무실에 거의 다다랐을 때쯤, 요한은 지나의 뒷모습을 다시 한번 눈여겨봤다. 어깨까지 오는 단발머리에 단정한 블라우스 차림의 단단한 걸음걸이. 요한은 조만간 지나에게 식사 한번 같이하자는 말을 꺼내 봐야겠다고 생각해 본다.

회사에 먼저 도착한 지나는 오늘도 혜안 팀장이 챙겨온 아침 먹거리와 모닝커피를 마신다.
"매번 이렇게 얻어먹어서 어떡해요."
"아니야~ 내가 먹으려고 갖고 온 건데 뭘~. 혼자 먹으면 외로울 텐데 이렇게 같이 먹어주니 내가 얼마나 고맙니?"
혜안 팀장과 가까워지면서 이런저런 속 얘기도 오가고 친해진 지나는 클래식을 즐겨 듣고, 프랑스 자수를 취미생활로 하는 혜안 팀장과 친분을 쌓게 된 것이 마냥 좋았다. 온실 속의 화초처럼 고울 뿐일 것만 같은 이미지를 지녔지만, 팀원들을 이끌어가는 리더십을 볼 때마다 괜히 팀장이 아니구나 싶은 마음이 들었다. 지나도 직장생활을 오래 하면 혜안 팀장처럼 저렇게 멋진 여성이 될 수 있을지 먼 미래를 상상해 본다.

7

건강검진 몇 개를 마치고 병실 침대에 누워있는 엄마를 두고서 담당 의사가 지나를 불렀다.
"며칠 더 입원해 있으면서 몇 가지 더 검사를 해 봐야 할 것 같습니다. 지금 혈당 조절이 안 되고 있는 데다가 고혈압도 있고, 신장 기능도 20% 정도밖에 남질 않았습니다. 관리를 잘 한다면 모를까 아니라면 2~3년 내에 투석을 시작해야 할 것 같습니다. 그리고, 위내시경을 하면서 조직검사를 의뢰해 놨는데, 결과가 나와 봐야 알겠지만 위암 초기 단계일 가능성이 큽니다. 마음의 준비를 조금 하시는 게 좋을 것 같고, 다른 구체적인 사항은 간호부에서 알려드릴 겁니다. 너무 염려하지는 마시고, 모친이 연세가 많으셔서 그런 것이기도 하니 마음 강하게 먹으세요."

병원에서 건강검진을 받는 2일 동안 지나의 엄마는 고혈당과 저혈당이 급격하게 오르내리며 집에서보다 더 상태가 안 좋아졌다. 건강한 젊은 사람도 건강검진을 하고 나면 피곤하기 일쑤인데, 다 늙은 엄마야 말해 뭐할까? 위암이라……. 지나는 먹먹해졌다. 머리도, 가슴도 먹먹해졌다. 이제 어떡해야 하는 거지? 치매 검사를 했더니 역시나, 아니나 다를까? 두뇌가 쪼그라져 있는 게 의학지식 하나 없는 지나의 육안으로도 보였다. 치매 확진이란다. 그래, 치매였어. 멱살을 잡고서는 지나를 죽여 버리고 싶다고 했던 엄마가 치매라고 한다. 그날의 충격을 의사가 확진해 준 말로 위안을 삼아보려 하지만 그게 잘 안 된다. 아직 지나의 가슴에 그날의 충격이 생생히 남아있다. 이틀간 휴가를 내고 병원에 왔는데, 내일 하루 휴가를 더 내야 할 것만 같다. 오늘이 금요일이라 천만다행이다.

"혜안 팀장님, 안녕하세요? 잘 지내시죠?"

"어~ 지나 씨. 잘 쉬고 있어?"

"아, 네! 저희 팀장님이 전화를 안 받으셔서 그런데, 저 내일 하루 더 휴가를 연장했으면 해서요. 그래도 괜찮을까요?"

"그럼~ 무슨 일 있는 건 아니지? 어디 좋은데 놀러 간 거야?"

"아뇨~ 그런 건 아니고, 휴가 낸 김에 좀 더 쉬어볼까 해서요. 눈치가 보이긴 하는데… 어떡할까요?"

"눈치 보이긴…. 그래, 내가 이따 자기네 팀장님 오면 말씀드릴 테니 따로 전화는 드려봐~."

"네 감사합니다. 조금 있다가 저희 팀장님께 전화 다시 해보고 문자도 넣어 놓을게요! 월요일 날 봬요, 팀장님~."

"응~ 푹 쉬고~ 월요일에 봐."

지나는 굳이 집안 사정을 얘기하지 않았다. 궁금해 하는 질문에 일일이 답변하는 것도 귀찮고, 구질구질한 것들을 내보이기도 싫다. 재미없고 흥미 없는 이야기를 누가 좋아할까? 상대방이 싫어하는 걸 나 좋자고 나 편하자고 떠들어대는 사람이 되고 싶진 않다. 그래서인지, 주변 사람들은 지나에게 항상 거리감이 있다고들 말한다. 저 끝까지 다가가 보면 지나 앞에 항상 벽이 있다고들 말한다. 그 벽을 지나가 만들어내고 있고, 만들어낸다는 것을 알고 있고, 쉽게 허물지 않으리라는 것도 안다. 결코 허물지 않으리라. 침대에 누워서 곤히 잠들어 있는 엄마를 바라본다. 자식들 키운다고 악착같이 살아온 엄마의 삶이 뽀얀 얼굴에는 전혀 담아 있길 않다. 지나만이 알아보는 앙다문 어금니와 입술 언저리에만이 자존심 강하고 생활력 강한 엄마의 삶을 담아내고 있다. 투명 매니큐어를 곱게 칠한 손끝에도 결코 남에게 부족한 모습을 보이지 않으리라는 엄마의 자존심과 의지가 보인다. 그런 엄마를 지나는 쏙 빼닮았다. 얼굴도 키도 뭐 하나도 닮은 외모가 없는데, 피는 물보다 강하다고 했던가? 엄마의 자존심과 성격을, 마음 됨됨이를, 생각 그릇의 크기와 모양을, 삶의 의지를 담은 눈빛을 그렇게 지나는 엄마와 쏙 빼닮았다.

토요일 아침 회진 시간.

담당 의사가 와서 지나에게 말했다. 위암 초기 단계라고 의사가 말했다. 위암은 수술을 하면 된다고 했고, 당뇨와 신장 관리만 잘하면 몇 년은 더 오래 살 수 있으니 포기하지 말고 치료 잘 받게 하시라는 당부도 덧붙였다.

"지나야 집에 가자. 병원 오니 힘들어 죽겠다. 마음대로 먹지도 못하게 해, 물도 못 마시게 해, 약만 잔뜩 주지. 얼른 집에 가자. 야야~ 내가 어디 아프다나? 의사가 뭐라드노?"

"아니. 위에 염증이 좀 있다네. 그래서 그렇게 토했는 모양이래. 걱정 안 해도 된다."

"글치? 그래~ 그래노니 내가 그 클 밥을 못 먹었지. 아이고~ 속이 다 시원타. 딸 덕에 건강검진도 싹 하고 호강하네. 얼른 집 가자."

지나는 엄마를 모시고, 병원을 나서면서 다시 집 근처 요양병원으로 갔다.

"오빠, 엄마 어떡할까?"

"일단 그 근처 병원에 입원시키자. 아무래도 도시에 있는 병원이 낫지 않겠나? 조만간 내가 한번 올라가마."

병원에 며칠 있었다고 근육이 굳은 건지, 아니면 약해진 건지 병원에 입원할 때보다 훨씬 걸음걸음이 힘들어진 엄마를 부축해 가며 집 근처 요양병원으로 전원절차를 밟고 병실로 들어섰다. 집으로 가자며, 시골집으로 데려다 달라며 졸라대는 엄마를 전원시키는 과정 동안 지나는 터져 나오려는 눈물을 겨우 참아냈다.

"여기가 어디로? 왜 또 병원이로? 야야~ 내 이제 개안타 ~ 집에 가자."

"엄마, 당뇨가 조절 안 돼서 혼자 있으면 안 돼."

"개안타이께네~ 우리 집에 고마 델따 다고. 내 혼자 있을 수 있다. 가자."

"자꾸 저혈당 와서 쓰러지잖아. 당뇨 조절만 좀 더 하고 나거든 그때 가자. 그때 델따 줄게."

"……."

지나는 엄마의 앙다문 입술을 보았다. 더 이상 조르기를 포기하고 말이 없어진 엄마의 얼굴을 보며 또다시 터지려는 눈물을 겨우 참아냈다. 이불을 끌어당겨 혼자서 겨우겨우 돌아눕는 엄마를 보고는 턱밑까지 순식간에 흘러내리는 눈물 줄기를 보이지 않으려 급하게 고개를 돌렸다. 죽으러 가는 곳이라 당신은 결코 요양병원에는 가지 않겠다던 엄마를 지나가 직접 데리고 왔다. 죽으러 가는 곳인 이곳을 딸의 손에 이끌려 와버렸다는 것을 안 엄마는 입술을 굳게 다문 채 돌아 누워버렸다. 오빠가 조만간 병문안

오기로 했다는 지나의 말이 끝나기가 무섭게 바쁜 사람이 먼 데까지 귀찮게 왜 오냐며 안 와도 된다고 아들 걱정을 먼저 앞세우며 손사래만 치던 엄마가 말없이 돌아누웠다. 가슴이 흔들릴 만큼 격하게 눈물이 쏟아지는 지나는 울음을 참아내려고, 하염없는 눈물을 참아내려고 오른손을 있는 힘껏 쥐어보지만 한번 터진 눈물 줄기는 멈출 줄 모른다. 눈물에 어려 흔들림으로 비치는 엄마의 뒤통수를 뒤로 하고 병원 복도 작은 창가로 간 지나는, 가슴 저 깊은 답답한 숨을 몰아 내쉬고는 그대로 주저앉아 울어버렸다. 힘없이 무너져버려 웅크려진 지나의 굽어진 등을 창문 너머에서 들어오는 엷은 햇살이 비추고 있다. 그래. 울어라. 있는 대로 다 울어버려라. 다 토해내 버려라. 십자 모양 창문으로 들어오는 네 줄기의 엷은 햇살이 지나의 작은 등을 두드리며 실컷 울어버리라고 한다. 그렇게 울음의 시작은 엄마로 인한 아픔이었고 미안함이었지만 한동안을 서럽게 토해내는 울음의 끝은, 지나 자신의 모든 아픔이었고 지나 자신의 모든 후회였다.

8

신이 주신 선물 '망각'. 지나는 다시 일상으로 돌아온 스스로에 대해서, 신이 주신 선물인 이 '망각' 때문에 그런 거라고 자위하고 있다. 어떤 사실에 대한 망각의 속도는 상황과 여건에 따라서 제각각이지만, 분명한 것은 사실에 대한 기억보다 상황에 처했던 그때의 그 감정에 대한 기억 망각이 훨씬 빠르니까 말이다. 지나의 엄마가 요양병원으로 전원한 지 두 달이 지나고 있다. 그 사이 지나의 오빠도 다녀갔고 언니도 다녀갔다. 엄마에게 인사하고 병원을 나서는 오빠의 진한 담배 냄새, 언니의 통통 부은 두 눈과 얼굴은 자식 된 도리를 다 하지 못한다는 미안함과 죄책감을 대변하고 있었다. 요양병원으로 전원한 후로 지나 엄마는 식사를 통 못하고 있다. 치매도 급격하게 나빠졌고, 그나마 보이던 시력도 더 안 좋아진 건지 자식을 알아보는 건지에 대한 확인도 안 된다. 혀도 반은 꼬부라져서 말을 잘 못하고 뭔가 말을 하려고 하는 것 같은데 성대에서 응응 소리만 울릴 뿐이다. 수저로 죽을 떠서 입에 넣어주면 입 양 옆으로 흘러버리고 만다. 종이컵 한 컵을 다 채우지도 못한 유동식으로 식사를 하는데도 턱받침이 젖어 들기 일쑤다. 다리도 굳어버려서 무릎이 오그라든 채로 병상에 누워 지낸 지 꽤 오래된 듯하다. 어쩜 이렇게도 빨리 나빠질 수가 있을까? 집으로 모시고 갔더라면 달라졌을까? 지나는 퇴근 후, 요양병원으로 가는 횟수가 점점 줄어들었다. 병원으로 향하는 발걸음이 생각보다 무겁기도 했고, 두렵기도 했다. 집으로 퇴근하는 날이면 거실 라디오에서 들리는 소리에 집중하며 청소도 하고, 여가를 즐기면서 책을 잠깐씩 꺼내 들고 보다가 잠드는 밤 시간이 너무 편하고 좋았다.

'그래, 병원에 계시니깐 우리 집에 있는 것보다 훨씬 낫겠지. 여기 있다가 낮에 쓰러지기라도 하면 큰일나잖아.'

이제 사무실에도 제법 적응을 하고 엄마도 병원에 계시

니, 전과 다르게 늘어난 일상의 여가시간이 지나에게는 편안함으로 다가왔다. 요한 대리한테서는 애프터 신청이 더는 없었다는 이야기를 현이한테서 오래전 들었었다. 새로운 직장을 구해서 취업한 지 한 달이 다 돼 가고, 거기서 최근 소개팅을 한 남자와 두어 번 정도 만나고 있다는 얘기도 들었다. 키가 작고 못생기긴 했지만, 다정한 말투에 부드러운 목소리가 마음에 든다며 돈 걱정은 안 해도 될 것 같은 그 남자의 집안 배경과 실직 걱정 없는 안정된 직장이 결혼까지도 생각하게 해 본다는 얘기도 들었다. 직장도 새로 구하고 남자 친구도 만나게 된 현이에게는 참 잘된 일이라고 지나는 생각했다. 외모와는 다르게 마음이 여리고 착하고 순둥이 같은 친구이니 결혼을 기점으로 앞으로 모든 게 다 친구 뜻대로 됐으면 하는 간절한 마음이 크다.

'주변이 잘 돼야 나도 편한 법이지.'

지나는 생각했다.

'결혼⋯⋯. 나는 결혼을 못 할 것 같다. 아니, 하지 않으련다.'

영원한 사랑은 없는 법인데 부부로 인연을 맺은 후, 언젠간 변할 사랑을 변하지 않은 것처럼 살아낼 자신도 없고, 나와 다른 사람에게 맞춰갈 자신도 없고, 내게 맞춰 사느라 힘들어하는 것을 보는 것도 지나는 자신이 없다. 적당히 연애만 하고 살자. 결혼하고 애 키우느라 돈에 목매고, 시간에 목매고, 관계에 목매느니 차라리 혼자서 자유롭게 많이 벌면 많이 쓰고, 적게 벌면 적게 쓰고, 밤도 새 보고, 늦잠도 자 보고, 법적인 구속도 마음의 구속도 가정의 테두리라는 구속도 없이 자유롭게 사는 게 훨씬 낫겠다고 생각해 본다. 그러나 이 모든 것보다 가장 우선이고 중요한 건 지나가 같이 살고 싶을 만큼 마음에 드는 남자가 여태 한 명도 없었다는 것이고 앞으로도 있을 것 같지 않다는 것이다.

"야~ 지나 네 눈에 차는 남자가 어디 있겠냐? 내가 보기엔 너는 진짜 독특한 애 같애."

지나의 독특함이 정말 재미있다는 듯 깔깔깔 웃어대며 입버릇처럼 말하던 현이의 목소리는 지금 당장 현이가 와서 지나의 귀에다 대고 큰 소리로 말하는 것처럼 생생하다.

"지나 씨, 오늘 저녁에 약속 있으세요?"

"……."

"지나 씨!"

"……."

요한 대리가 지나의 책상을 가볍게 톡톡 두드렸다.

"아! 네? 네?"

"무슨 생각을 그리하세요?"

"아… 아뇨. 그냥 뭐……."

대충 웃음으로 얼버무린 채 지나는 웬일이냐는 얼굴로 요한 대리를 올려다봤다.

"뭐라고 말씀하셨죠? 죄송해요. 제가 잘 못 들었네요."

"오늘 저녁에 약속 있으세요?"

"네? 아뇨~ 없어요."

"그럼, 요 앞 사거리 신호등 앞에서 기다리고 있을 테니까 이따 퇴근하면 나오세요. 같이 식사하러 가죠."

요한 대리가 불현듯 식사 제안을 꺼내놓고서는 자기 자리로 돌아가 앉았다. 갑자기 이게 무슨 상황인지 싶어 어리둥절한 지나는 이제 와서 거절할 수도 없는 타이밍에 처해 있음을 깨닫고는 아차 싶었다. 어쩔 수 없이 저녁 식사를 같이 해야 하는 상황이 되어 버린 것 같은데, 사실 지금이라도 요한 대리 자리로 가서 싫다고 말할 수 있는데, 그러질 않고 있다. 식사하자고 했으니까, 식사만 하면 되는 거 아닌가 싶다. 의미를 부여할 관계도 아니고 사건도 아니다. 퇴근하는 길이고 어차피 먹을 저녁 식사니 같이 먹어도 되겠다 싶다. 퇴근 후 사거리 신호등 앞에서 만난 두 사람은 횡단보도를 건너 한 5분쯤을 나란히 걸어갔다. 어디로 간다는 말도 없었고, 어디로 가냐는 물음도 없었다. 한옥처럼 보이는 허름한 식당에 들어선 둘은 홀 구석진 테이블에 자리를 잡고 앉았다. 정갈하게 차려진 음식을 먹으면서 이런저런 얘기를 나누었다. 말수가 없어 내성적일 것만 같았던 요한 대리가 사실은 말수가 생각만큼 적지도 않고 내성적이지만도 않은 사람인 것을 지나는 알게 되었다. 말수가 적은 만큼 생각이 깊고, 본인의 가치관이 뚜렷한 사람이라는 것도 알게 되었다. 지나가 본 요한 대리는 유머러스하진 않지만 점잖은 사람이었고, 말수가 적긴 하지만 상대를 배려할 줄 아는 사람이었고, 실속파가 못 되는 사람이라 손해 보는 것이 더 편한 사람이었고, 강아지를 사랑하고 작은 것에도 의미를 부여하고 가치를 부여하며 사는 사람이었다. 그 식사를 계기로 지나와 요한 대리는 두어 번을 더 만나 식사를 같이 했고, 그때마다 적지 않은 얘기를 나누며 조금씩 서로를 알아갔다. 지나는 다독하기를 좋아하는 사람이었고, 요한 대리는 탐독하기를 좋아하는 사람이었다. 지나는 요한 대리가 하는 이야기들을 듣기 좋아했고, 그런 지나에게 요한 대리는 될 수 있으면 많은 얘기를 해 주려고 노력하기를 좋아했다. 회사에서 있었던 이야기, 사회문화 이야기, 어린 시절 이야기 등 많은 이야기들이 오고 갔지만 각자의 사생활이 담긴 이야기는 한 번도 꺼낸 적이 없다. 이야기를 듣게 되면 지나도 뭔가 꺼내야 할 것 같고, 그게 싫어서 지나는 한 번도 사생활과 관련된 이야기를 듣게 되는 상황을 만들지도 않았다. 지금 지나가 누구와 사는지 형제 관계가 어떻게 되는지 어린 시절은 어떻게 보냈는지 요한 대리는 궁금한 게 적지 않았지만, 먼저 꺼내는 법이 없는 지나가 싫어할 수도 있을 것 같아 궁금증을 참아내고 있다. 그 흔한 문자와 카톡, 전화 한번을 나눠본 적도 없다. 아직은 퇴근 시간에서 이어지는 둘의 저녁 식사가 사적인 의미로 정의되기엔 이른 감이 없지 않다.

"지나 씨, 다음엔 우리 디저트 맛집에 한번 가 볼까요? 데이트 어때요?"

"네? 아~ 네. 뭐~ 일단 다음에 다시 얘기해 볼까요? 내일 사무실에서 뵐게요."

대충 얼버무림으로 지나는 요한 대리의 제안을 넘겨버리고 마무리 인사를 해 버렸다. 데이트라···. 크게 반갑지도 않고 크게 싫지도 않은 속삭임이었다. 집에 돌아온 지나는 요한 대리의 데이트 요청을 다시 생각해 보았다. 다음에

또 말을 꺼내오면 뭐라고 대답해야 할지 지나는 아직 정하
지 못한 채 샤워기의 물을 세차게 틀었다.

9

 바로 옆 호에는 조문객의 발길이 끊이질 않는지 테이블
마다 웅성대는 대화 소리들이 쌓이고 쌓여 꽤 시끄러운 소
음을 만들어낸다. 옆 호와는 대조적이게도 이곳에는 조문
객도 별로 없는 데다가 누구 하나 우는 사람도 없다. 지
나는 시끌벅적한 옆 호 소리에 귀를 좀 기울여보다가 식
구들 얼굴을 멀뚱멀뚱 쳐다보았다. 언니 딸은 벽에 기대서
핸드폰을 만지작거리고, 오빠네 아들과 딸 둘은 여기저기
막 뛰어다니고 있다. 어느 누구 하나 아이들에게 조용하라
고 타이르는 어른도 없다. 장례식장 사무실에서 받은 검은
색 상복을 걸쳐 입은 채 4~5 테이블 정도만 찬 조문객을
둘러보다가 너무도 건조하고 삭막한 장례식장에 눈을 질
끈 감아버렸다. 보름 전, 요양병원에 엄마를 보러 간 지나
는 느낌이 좀 이상했다. 다른 때보다 엄마의 시선이 저 멀
리 향해 있는 것이었다. 지나는 얼른, 허리 밑으로 손을 집
어넣어 보았다. 엄마의 허리가 침대에 무겁게 내려와 있
다. 가슴이 덜컹 내려옴을 느꼈다. 사람이 죽을 때가 되면 허
리가 땅으로 꺼지고, 대변을 전부 쏟아 낸다고 하던데….
간호사에게 엄마가 대변을 쏟아내고 있는지 도저히 물어
볼 자신이 없다. 아닐 거야. 아니겠지. 손을 빼냈다가 다시
한번 조심스럽게 허리 밑으로 넣어봤다. 울컥. 순식간에 눈

물이 고였다. 지나의 손바닥이 침대를 누르고 있는 허리의 묵직함을 그대로 받아내고 있다. 어쩌면 이번이 엄마를 보는 마지막이 될 수도 있겠구나……. 지나가 굳게 다문 입술을 뗐다.

"엄마~ 미안해……."

그냥 다 미안했다. 그냥 다 미안하고 미안했다. 뭔지는 잘 모르지만 여태 엄마에게 해 온 모든 말과 행동, 생각, 마음 씀씀이가 전부 다 미안했다. 엄마가 들을세라, 엄마가 눈치챌세라 울음을 참아내느라 몇 번이고 마른침을 꿀꺽 삼켰다. 혀가 두터워지고 목이 터져나갈 듯 아팠지만 계속해서 삼켜댔다. 혹여나 엄마가 볼까 얼굴을 타고 흐르는 눈물을, 그것도 모자라 샘 터지듯 신발로 뚝뚝 떨어지는 눈물방울을 어찌할 바 모른 채 그저 마른침만 삼켜댔다. 터질 듯 아파 오는 목을 오른손으로 감아쥐었다. 입을 벌리고, 가슴을 들어 올려 있는 힘껏 크게, 크게 숨을 들이켰다.

"……. ……. 엄…·마…, 사랑…해……."

떨리는 목소리를 억지로, 억지로 진정시켜 가며 사랑한다고 말했었다.

이전에 이미 많은 눈물을 흘려서 그런 것일까? 곱디고운 분홍색 한복차림의 영정사진으로만 존재하는 엄마 앞에서 지나는 이상하리만큼 눈물 한 방울 나지 않는다. 아니, 아무 느낌도 없다. 어쩌면, 무덤덤하다는 편이 나을지도 모르겠다.

"근데, 참 희한트래이~ 엄마가 돌아가시고는 엄마 얼굴에서 요만한 빛이 나오더니 발끝 쪽으로 올라가면서 사라지드라. 진짜 신기 하드라. 영혼이 있나 싶드라이께네~. 뭐지? 그게 영혼일라?"

의사의 부름에 마침 시간 맞춰 찾아간 오빠가 엄마의 마지막을 지키면서 본 것을 식구들에게 얘기했다. 그 말끝에 어느 누구도, 아니란 부정도 그럴 거란 긍정도 하지 않고 그저 듣고 있노라 하는 표시로 고개만 끄덕였다. 영혼···. 지나는 잠시 생각해 본다. 엄마는 천국에 갔을까? 젊은 시절 교회를 잠깐 다닌 탓인지 엄마는 미신을 왜 믿냐며 엄마 연배의 어른들이 흔히 하는 토속 신상 행위도 일절 하지 않던 엄마였다. 늙으면 다시 교회에 가겠다며 혼잣말처럼 얘기하던 엄마였는데···. 엄마는 천국에 갔을까?

저녁 7시가 넘어가자 조문객들이 하나둘 늘어나기 시작했다. 사무실 직원들이 찾아와 지나를 위로해 줬다. 과장님과 팀장님이 장례를 잘 치르고 천천히 출근하라며 예를 차렸다. 혜안 팀장은 지나의 손을 꼭 잡아줬다. 밥 잘 챙겨 먹으라며, 힘내라며, 왜 진작 얘기하지 않았냐며 어깨를 두어 번 토닥거리곤 돌아갔다. 한 발 뒤에 서 있던 요한 대리도 가볍게 목례로 예를 차리곤 돌아갔다. 그리고, 장례식장 입구에서는 요한과 부딪힌 현이가 요한에게 먼저 아는 척하며 인사를 나누고는 장례식장으로 부산스럽게 들어와 지나를 찾았다.

이전과 마찬가지로 근무시간 시작 전에 탕비실에서 가볍게 얘기를 나누고 있는 혜안 팀장과 지나가 보인다. 요한은 얼마 전 지나와 식사를 하면서 이야기를 나누었던 때가 참 좋았다. 사람을 새로이 알아가는 것도 좋았고, 특히 지나를 조금 알게 된 것 같아서 좋았다. 어쩌면 나랑 조금 비슷한 사람이구나 싶어서 그것도 좋았다. 그런데, 지나의 모친이 아프다는 말을 한 번도 들어본 적이 없었던 데다가 갑작스럽게 모친상 소식까지 접하게 돼서 요한은 적잖이 놀랐다. 지나에게 마음을 열고 좀 더 자세히 알아 가보고 싶어서 세 번째 만남의 끝자락에 조심스럽게 데이트 요청을 했던 바였다. 그런데, 지금 탕비실에 있는 지나를 보고 있자니 어떻게 다시 말을 꺼내야 할지 조심스러울 뿐이다. 사무실에서 지나가듯 넌지시 얘기를 꺼내볼까? 아니면 식사를 같이 하자고 해볼까? 어떻게 하면 좋을지 요한은 이렇게 저렇게 많은 방법들을 궁리해 보지만 도무지 쉽지가 않다.

"요한 대리님, 그때 와주셔서 감사했습니다."

"아! 네. 별말씀을요~. 당연히 가야죠."

옅은 미소로 인사를 대신하고 돌아서는 지나에게 요한이 말했다.

"조만간 식사 한번 같이 하시죠."

"네."

아까와는 다르게 지나는 앞니가 살짝 보일 만큼 미소를 지으며 대답하고는 자리로 돌아가 앉았다. 부모님이 다 살아계신 요한은 만일 자신의 부모님이 돌아가시면 어떨까를 생각해 보았다. 엄청 슬프겠지……. 아마 나는 6개월 간 휴직을 내야 할 수도 있겠다. 어떻게 멀쩡히 직장을 다닐 수 있을까? 나는 그렇게 못할 것만 같다. 평균 수명이 팔십이라고치면, 부모님이 이제 칠십에 들었으니 아직 10년은 더 남아 있는 것인가? 10년 후가 되면 부모님의 죽음을 받아들일 수 있을까? 부모님이 병들고 늙어 간병에 지치는 상황이 된다면 또 다른 생각이 들까? 아니지 슬퍼해야지. 마음껏 슬퍼해야 하는 거지. 지나는 지금 얼마나 슬프고 힘들까? 사무실 저 끝 지나를 보면서 요한은 부모님의 죽음에 대해서 생각해 보았다. 그렇게 하루가 지나갔고, 일주일이 지나갔으며, 한 달이 지나갔다. 그러나 요한은 지나에게 식사하자는 말을 먼저 꺼내지 못했고 지나 역시 요한에게 식사하자는 말을 하지 않았다. 가끔 눈이 마주칠 때면 요한은 지나가 먼저 얘기를 꺼내줄까 하는 기대도 있었지만 지나는 그런 기대쯤은 전혀 모르는 눈치였고, 모친상을 당한 지나에게 본인 좋자고 데이트 얘기를 꺼낼 수 있는 요한도 아니었다. 그래, 조금 기다려보자. 시간이 조금 더 흐르거든, 지나와 조금 더 친해지거든, 그때 다시 말을 꺼내 보자. 가끔씩 지나를 바라보며 요한이 생각했다.

10

 가을볕이 좋은 화창한 토요일 낮 시간을, 지나는 쇼핑으로 시간을 보내기로 마음먹었다. 화창한 햇살 때문인지 지나 기분이 한껏 들떠 있다. 오랜만에, 오늘만큼은, 본인만을 위해서 돈을 써 보리라 마음먹은 지나는 가장 날씬

하게 보이는 청바지로 골라 입고 엉덩이를 살짝 덮는 회색 반 팔 티를 골라 입었다. 그리고 그 위에 검은색 롱 니트를 걸쳐 입고 카드가 제대로 들어있는지 지갑을 확인한 후 핸드백을 오른쪽 어깨에 걸쳐 맸다. 집 현관문을 열자 화창한 가을 날씨가 온몸으로 느껴졌다. 희한하다. 가을은 왜 이렇게 스산한 걸까? 뜨겁게 내리쬐는 가을볕 속에서도 살랑이는 바람 한 줄기만 피부에 닿으면 그렇게 스산할 수가 없다. 여름에서 가을로 넘어갈 때보다 가을에서 겨울로 넘어갈 때가 스산함이 오히려 줄어든다. 여름을 보내야 한다는 마음의 준비가 덜 된 탓이거나 혹은, 겨울을 맞이해야 한다는 단단한 마음의 준비 때문에 그런 것일까? 아니면 나 겨울이다 하고 아예 차갑게 불어대는 차디찬 공기가 스산함을 느낄 틈을 주지 않는 걸까? 에라, 모르겠다. 핸드백을 고쳐 매고 버스에 올라탔다. 어딜 먼저 가 볼까? 오늘은 옷도 사고, 맛난 것도 먹고, 예쁜 그릇도 사야겠다. 이런저런 생각이 예쁜 그릇을 사야 하는 것에까지 미치자 지나는 다른 건 다 나중으로 미루고 예쁜 그릇 가게를 가야겠다는 생각으로 버스 정류장을 향했다. 10여 분을 버스를 타고 이동해서 시내 정류장에 도착하자 지나는 얼른 버스에서 내렸다. 회색빛 네모난 보도블록만 게임하듯 요리조리 피해 가며 조금 걸어가다 보니 그릇백화점이 나온다. 가게 문을 열고 들어간 지나가 진열되어 있는 많은 도자기 그릇들을 실컷 구경하고는 파스타를 담을 만한 널찍한 볼 2개를 집어 들고 계산대로 향했다.

"할머니~ 이거 한 개만 반납해 드리면 되는 거죠?"

"네. 아가씨, 내가 그걸 갖고 집에 가보니까 글쎄 전에 사논 게 있지 뭐야. 정신이 이렇게 없어~. 자꾸 깜빡깜빡 하네~."

"할머니~ 그러면 전에 사셨던 거 전부 반납 처리해 드리고 나서, 이것만 빼고 나머지를 다시 결제 해 드릴게요. 영수증 갖고 오신 거 여기 주시겠어요?"

"아이구~ 아가씨~ 내가 나이가 들어서 이제 무슨 말인지 잘 몰라요~. 그냥 아가씨가 알아서 해 줘요~. 나한테 말해도 잘 몰라~."

한숨 섞인 할머니의 말씀 끝에, 직원이 다시 차근차근 설명을 해 나갔다.

"응응~ 그냥 아가씨가 알아서 해 줘요~. 젊어서는 내가 정말 총명하단 말도 많이 들었었는데 이제 나이 들어서는 기억력도 없어지고, 말해도 잘 모르겠고…. 에휴~ 서러워…. 나이 드니 얼마나 서러운지……."

지나 앞에 선 할머니는 나이 든 서러움을 직원에게 하소연 하듯 혼잣말을 하며 손수건으로 눈과 얼굴을 닦아냈다. 나이 든 지나 엄마도 그랬다. 나이가 들면 그저 서럽다고 했다. 누워 있으면 이 생각 저 생각에, 오만 생각이 다 든다면서 그저 서럽다고 했다. 대화를 하다가도 눈물을 닦는 엄마를 보며 지나는 왜 우냐고 물었다. 그러면 엄마는 나이가 들어서 그냥 눈물이 나는 거라고 했다. 우는 게 아니라 그냥 눈물이 난다고 했다. 지나 앞에 있는 할머니를 보니 지나는 엄마 생각이 났다. 아니, 엄마와 닮은 할머니를 볼 적마다 엄마 생각이 났다. 꽃무늬 옷을 입은 할머니를 보면, 블라우스건 치마건 상관없이 꽃무늬로 페인팅 된 옷을 그렇게 좋아하던 엄마 생각이 났고, 식당에서 어떤 할머니를 보면, 밥을 먹다가도 남들이 지저분하다며 싫어할까 봐 연신 손바닥으로 입술을 훔쳐대는 엄마 생각이 났고, 허리를 구부정하게 구부린 채 어려운 걸음걸이로 횡단보도를 건너는 할머니를 보면, 나이 든 티가 나는 게 싫다며 곧 죽어도 지팡이는 가져가지 않겠다고 하시곤 몇 걸음 만에 한 번씩 허리를 펴는 엄마 생각이 났다. 그런 엄마가 언젠가부터는 당신 스스로 지팡이를 집어 들었고, 식사 때마다 음식물을 흘리기 일쑤였고, 예쁜 옷이 뭔 소용이냐며 그저 편한 옷만 찾다가 그렇게 병원에서 돌아가셨다.

  그릇 가게를 나선 지나는 가로수가 늘어진 길을 찾아 걸었다. 엄마가 돌아가신 후에, 지나 자신은 엄마에게 할 만큼 다 했기 때문에 후회가 적을 거라고 생각했다. 지나가 할 수 있는 것을 넘어서 최선을 다했으니 지나 자신은 괜찮을 것으로 생각했다. 그런데, 날이 갈수록 엄마에게 못되게 굴었던 그 당시의 속마음이 자꾸만 생각났다. 엄마가 돌아가신 후에, 지나 스스로 자신을 돌아보니 사실은 엄마가 지나에겐 부담이고 짐이었었다. 부담이고 짐인 사실을 스스로에게도 들키기 싫어 옷도 사주고 신발도 사주며 그걸 효도라고 했던 것이었다. 재물이 있는 곳에 마음이 있다고 했던가? 지나는 그렇게 엄마에게 무리하게 돈을 써가며 스스로 효도한다는 명분을 내세워가며 합리화했었나 보다. 그런데 이제 와서 보니, 엄마에게 잘해준다고 잘한 것이 사실은 엄마를 위한 것이 아니라 지나 자신을 위한 것이었다. 그것이 사실은 자기완성을 위한 도구였었는지도 모르겠다. 효도가 사실은 효도가 아니었다. 찬물 한 그릇이라도 공손하게 떠드리는 게 낫다는 엄마의 말씀이 무슨 말인지를 이제야 알 것만 같다. 자식 마음 편하자고 할 것이 아니라 부모 마음 편하게 해드려야 하는 것인데 그게 거꾸로 되었음을 지금에서야 깨닫는다. 후회가 된다. 다 잘못된 어리석음이었고 가식이었고, 허세였다. 지나는 핸드폰을 꺼내 언니에게 전화를 걸었다.

"여보세요?"

"언니~."

"응~ 왜?"

"그냥~ 엄마 생각이 나네."

"그러게~ 나도 요새 길 가는 할머니 볼 때마다 엄마 생각이 나더라. 말이야 바른말이지 사실 그때 우리가 엄마를 죽인 거지 뭐~. 엄마가 요양병원에만 안 갔어봐라. 그렇게 일찍 돌아가셨겠냐? 내가 그때 병원 갔을 때 보니까 간병사가 숟가락으로 죽을 떠주는데 입을 꼭 다물고는 안 먹던데 뭘~. 엄마가 병원에는 죽어도 안 간다고 했는데 병원에 온 걸 알고는 자식들이 버렸다 생각하고는 곡기를 끊은 거지. 엄마가 작정하고 곡기를 끊은 거야."

지나 언니는 엄마 얘기를 할 때마다 곡기 끊은 엄마 얘기를 하면서 자식들이 죽인 거라고 말한다. 그때마다 지나는 할 말이 없다. 지나 언니의 말은 첫 번째나 두 번째나 열 번째나, 들을 때마다 지나 가슴에 그대로 박혀 온다. 자식들이 버린 줄 알고 곡기를 끊은 엄마. 끝까지 자존심을 지킨 건지, 자식들 고생시키지 않으려고 한 건지, 둘 다 인지…. 분명한 건, 지나 언니의 말을 빌리자면 자식들이 엄마를 죽인 것이었다. 지나는 다시 생각했다. 지나가 엄마를 죽였다. 효도를 한다는 허세로 가득했던 지나가 엄마를 죽였다. 사실은, 지나가 엄마를 죽인 것이었다. 울음이 가득 찬 지나의 가슴에 가을바람이 불어왔다. 이 바람이 엄마에게 가 주면 좋겠다. 그래서 지금 내가 이렇게 다시 생각하고 다시 마음먹고 다시 깨닫는 바들을 엄마에게 전달해 주면 좋겠다. 그래서 엄마가 서운해 하지 않았으면 좋겠다. 후회를 내비칠 곳조차 없는 지나는 답답하고 먹먹한 가슴 그대로 걷고, 또 걸었다. 지나의 걸음걸음 뒤로, 발자국 대신 눈물방울이 따라가고 있다. 그리고 그 뒤를 스산한 가을바람에 떨어진 낙엽들이 동에서 서로, 남에서 북으로 흐트러졌다. 그리고 따스한 가을 햇살이 지나의 눈물방울을 조용히 덮어주며 따라가고 있다.

그림과책 시선 301

봄이 들어왔을 때

초판 1쇄 발행일 _ 2024년 4월 25일

지은이 _ 남춘화
펴낸이 _ 손근호

펴낸곳 _ 도서출판 그림과책
출판등록 2003년 5월 12일 제300-2003-87호

03924 서울특별시 마포구 월드컵북로54길 17 821호
      (상암동, 사보이시티디엠씨)
      도서출판 그림과책
전화 (02)720-9875, 2987 _ 팩스 (02)720-4389
도서출판 그림과책 homepage _ www.sisamundan.co.kr
후원 _ 월간 시사문단(www.sisamundan.co.kr)
E-mail _ munhak@sisamundan.co.kr

ISBN 979-11-93560-08-2(03810)

값 12,000원

이 책의 판권은 지은이와 그림과책에 있습니다.
잘못된 책은 교환해 드립니다.